JN239945

［改訂新版］

真夜中のミステリー読本

藤原宰太郎　藤原遊子

論創社

はじめに

「気楽に読む」が最良のミステリー読書法

推理小説は娯楽のための読み物である。エンターテインメントなのだから、読んで楽しいことが一番だ。肩の力を抜き、気楽に読めばいい。それが最良の読書法なのだ。

しかし、読んで楽しいミステリーをもっと楽しむには、やはり、ある程度の基礎知識や雑学的な知識があったほうがいい。たとえば、プロ野球を観戦するときでも、ただ漫然と眺めているより、個々の選手の過去のデータとか、そのチームの対戦成績とか、あるいは監督が得意とする戦略などを知っていれば、より楽しく観戦できるのと同じである。

一八四一年にエドガー・アラン・ポーが『モルグ街の殺人』という風変わりな短編小説を発表して以来、わずか一八〇年の間にミステリーは多様に発展して、色とりどりに開花した。映画やテレビ、さらにはマンガにも多くのストリーを提供し、文芸ジャンルの主流を占め、ますます隆盛の一途である。

その一方、歴史が古いだけに、これからミステリーを読みはじめる読者には手軽なガイド・ブックが必要となろう。より楽しく、ミステリーを読むためのガイド・ブックとして、本書を書いてみた。

オモチャ箱をひっくり返したみたいに、あれこれ、とりとめのないテーマで書いてみたが、気ままにミステリー散歩を楽しんでいただくためのガイドになれば幸いである。

とはいっても、かた苦しい評論でもなければ、専門的な研究書でもない。ミステリーに関する意外な話や豆知識、トリックの紹介を読物ふうにまとめてみたので、どのページからでも、手あたり次第に読んでいただいてかまわない。

本書では、文章の内容に応じて「推理小説」「探偵小説」「ミステリー」という表記を使いわけている。表記が一定でないこと、ご了承ねがいたい。

海外作品の邦題は、一般的と思われるタイトルを著者判断で採用した。

また、章末にまとめたトリック出典の作品収録書も著者判断で比較的入手し易い書籍を選んだつもりだが、一部、品切れ本を含んでいる。また、近年は書籍のサイクルが早いため、本書の刊行と前後してく品切れとなってる単行本があるかもしれない。ご容赦いただきたい。

藤原宰太郎

真夜中のミステリー読本◉目次

第一章　ミステリーを10倍楽しく読む方法——1

推理小説に関する雑学知識

第二章　事実は小説よりもミステリー　35

古今無双の推理作家列伝

第三章　こんなミステリーがあった

知られざる推理小説ガイド

第四章 古今東西トリック研究 101

難事件に謎に挑戦せよ

プロローグ

読むためにも知っておきたい推理小説のルール

謎解きを中心にした本格ミステリーは、作者が読者に出題する知的ゲームの小説であるから、そこには当然、作者の側が守らなければならない最低限の条件がある。読者をペテンにかけるようなインチキをしないで、フェアプレイに徹《てっ》することだ。

そんな良心的な信念から、小説を書くうえで、いろいろなルールを自分に課した作家がいる。おおげさに言えば、ミステリー作家の憲法である。

こんな憲法を思いついたのも、それまで低俗な読み物だった推理小説をすこしでも知的水準の高い読み物に引きあげようとする作家の願いだったからである。

とくに有名なのが、ヴァン・ダインの〝二十則〟と、ロナルド・ノックスの〝十戒〟である。ヴァン・ダインというのは、『グリーン家殺人事件』や『僧正殺人事件』などの名作を書いた本格ミステリーの第一人者である。彼が一九二八年に発表した『探偵小説作法の二十則』を要約すると……。

①事件の謎をとく手がかりは、すべて明白に記述されていなくてはならない。
②作中の犯人がしかけるトリック以外に、作者が読者をペテンにかけるような記述をしてはいけない。
③不必要なラブロマンスをつけ加えて、知的な物語の展開を混乱させてはいけない。ミステリーの課題は、あくまで犯人を正義の庭に引き出すことであり、恋に悩む男女を結婚の祭壇に導くことではない。
④探偵自身、あるいは捜査員の一人が、突然、犯人に急変してはいけない。これは、恥しらずのペテンである。
⑤論理的な推理によって、犯人を決定しなければならない。偶然や暗合、動機のない自供によって、事件を解決してはいけない。
⑥探偵小説には、かならず探偵役が登場して、その人物の捜査と、一貫した推理によって、事件を解決しなければならない。
⑦長編小説には、死体が絶対に必要である。殺人より軽い犯罪では、読者の興味を持続できない。
⑧占いや心霊術、読心術などで、犯罪の真相を告げてはならない。
⑨探偵役は一人が望ましい。一つの事件に、複数の探偵が協力しあって解決するのは、推

理の脈絡を分断するばかりでなく、読者に対して公平を欠く。それはまるで読者をリレー・チームと競走させるようなものである。

⑩犯人は物語の中で重要な役を演ずる人物でなくてはならない。最後の章で、ひょっこり登場した人物に罪を着せるのは、その作者の無能を告白するようなものである。

⑪端役《はやく》の使用人などを犯人にするのは、安易な解決策である。その程度の人物がおかす犯罪なら、わざわざ本に書くほどのことはない。

⑫いくつ殺人事件があっても、真の犯人は一人でなければならない。ただし、端役の共犯者がいてもよい。

⑬冒険小説やスパイ小説ならかまわないが、探偵小説では、秘密結社やマフィアなどの組織に属する人物を犯人にしてはいけない。彼らは非合法な組織の保護を受けられるのでアンフェアである。

⑭殺人の方法と、それを探偵する手段は、合法的で、しかも科学的であること。空想科学的であってはいけない。たとえば毒殺の場合なら、未知の毒物を使ってはいけない。

⑮事件の真相をとく手がかりは、最後の章で探偵が犯人を指摘する前に、作者がスポーツマンシップと誠実さをもって、すべて読者に提示しておかなければならない。

⑯よけいな情景描写や、わき道にそれた文学的な饒舌《じょうぜつ》は省くべきである。

⑰プロの犯罪者を犯人にするのは避けること。それらは警察が日ごろ取りあつかう仕事で

ある。真に魅力ある犯罪はアマチュアによっておこなわれる。
⑱事件の結末を事故死とか自殺で片づけてはいけない。こんな竜頭蛇尾《りゅうとうだび》は読者をペテンにかけるものだ。
⑲犯罪の動機は、個人的なものがよい。国際的な陰謀とか、政治的な動機は、スパイ小説に属する。
⑳自尊心のある作家なら、つぎのような手法は避けるべきである。これらはすでに使い古された陳腐《ちんぷ》なものである。
㋐犯行現場に残されたタバコの吸い殻と、容疑者が吸っているタバコをくらべて、犯人をきめる方法。

㋑インチキな降霊術で、犯人をおどして自供させる。

㋒指紋の偽造トリック。

㋓替え玉によるアリバイ工作。

㋔番犬がほえなかったので、犯人はその犬になじみのある者だったとわかる。

㋕双子の替え玉トリック。

㋖皮下注射や、即死する毒薬の使用
㋗警官と一緒に密室状態の現場へ踏みこんだ直後の殺人。

㋘言葉の連想テストで、犯人を指摘すること。

㋙土壇場で、探偵があっさり暗号を解読して、事件の謎をとく方法。

この〝二十則〟を読むと、ヴァン・ダインがいかに精密な論理で構築したフェアな本格ミステリーを書こうと努力していたのかよくわかる。それだからこそ、『グリーン家殺人事件』や『僧正殺人事件』など、古典的名作に挙げられる傑作が生まれたのである。

一方、ノックスの〝十戒〟は、ヴァン・ダインの〝二十則〟より一年おくれて発表されたものである。ロナルド・ノックスは英国のカトリック教会の大僧正であるが、大の推理小説マニアだったので、余暇に『陸橋殺人事件』や『密室の行者』などの名作を書いた異色の作家である。

彼が編纂した年鑑傑作選（邦訳は『ノックスの十戒』）の「序文」の中で発表した〝十戒〟は、ヴァン・ダインの〝二十則〟とくらべるとかなり大ざっぱで、しかも重複する項目が多いので、ここで紹介するのは省くが、ただ一つだけ、ちょっと奇異な感じがする項目がある。それは第五項に「中国人を登場させてはならない」とあることだ。

現在の人権意識からすれば偏見であるが、おそらく当時の英国では、中国人は得体《えたい》のしれない神秘な術でも使うと思われていたのではなかろうか。現に、この項目の補足に、「もし読者が探偵小説を読んでいて、『チン・ルウの細い切れ長の目が……』と書いてあるのに出くわしたら、そんな本はすぐに読むのを中止したほうがいい」とある。中国人が登場するようなミステリーは安っぽい小説だというわけだ。

しかし、いくら当時の風潮だったとはいえ、大僧正ともあろう知識人が、なぜ差別的な一項を加えたのか、ちょっと理解に苦しむ。

ともあれ、〝二十則〟にしろ、〝十戒〟にしろ、古い過去の〝憲法〟である。こんな遺物のようなルールを四角四面に守っていたら、味もそっけもない教条主義的な推理小説しか生まれないだろう。むしろ、これらのタブーを破ることによって、傑作が生まれるのである。

この代表的な例が、アガサ・クリスティーの長編にある。これは事件の記述者が犯人だったという、読者をペテンにかける大トリックであるから、〝二十則〟の①と②の項に違反している。違反したことによって、かえって傑作のほまれが高いのだ。

ミステリーが多様化した現代では、これらのタブーに挑戦してこそ、新しい形式の名作が生まれる可能性がある。この〝二十則〟は、もはや守らなければならないルールではなく、古きよき時代の記念碑にすぎない。事件の謎を推理する論理に一貫性さえあれば、むしろ進んで打破すべきものである。

第一章

ミステリーを10倍楽しく読む方法

推理小説に関する雑学知識

私立探偵の元祖はドロボウ出身

ミステリーに登場する私立探偵の第一号は、エドガー・アラン・ポーの短編『モルグ街の殺人』で活躍するオーギュスト・デュパンである。私立探偵というより、彼の場合は天才的なアマチュア探偵だが、それでは、実在したほんものの私立探偵の元祖はだれか？

フランソワ・ヴィドックという男である。一八三二年、ヴィドックはパリで事務所をひらき、礼金をとって事件を捜査する新しい職業、つまり私立探偵を開業した。

だが、この男、じつは前歴が大ドロボウだったのである。三回も脱獄したうえ、警察の追跡をふりきって逃げる悪党だったので、パリ警察の総監はその巧みな変装術と機敏な行動力に舌をまき、彼の罪をゆるして、自分の配下においたのである。それからパリ警察の密偵《スパイ》として活躍し、国家警察パリ地区犯罪捜査局の局長にまで出世した怪人物だった。

なにしろドロボウあがりだから、犯罪の手口にくわしく、捜査はお手のもの。むかしの悪党仲間を手下につかって大活躍し、はなやかな社交界にも出入りするほどの有名人になったのである。

彼の波乱万丈の人生は評判になり、当時の文学作品には、ヴィドックの名がしばしば登場する。例えば、フランスの文豪ヴィクトル・ユゴーは、この怪人物の波乱の人生から暗示をうけて、大作『レ・ミゼラブル』の主人公ジャン・ヴァルジャンを創造したといわれている。
また、ポーも、『モルグ街の殺人』の中で、
「勘も鋭いし、忍耐強い男だ。でも、無学だから、捜査に熱心になるあまり、いつも失敗ばかりしていた」（丸谷才一・訳）
と、名探偵デュパンにちくりと皮肉を言わせている。

世界最大のピンカートン探偵社

アメリカでは、私立探偵のことをジ・アイ（目）、またはプライベート・アイ（私的な目）とも呼ぶが、これは有名なピンカートン探偵社の社章《バッジ》からきているのだ。

この社章《バッジ》は、大きく見ひらいた目の下に、〈われわれは眠らない〉という言葉が彫ってある。つまり、一日二四時間営業がモットーなのである。

このピンカートン探偵社は、一八五〇年、大統領選挙に立候補していたエイブラハム・リンカーンの暗殺計画を未然に防いで有名になったアラン・ピンカートンが、シカゴで開業したものである。彼は郵政省の特別捜査官として、列車強盗や銀行ギャングを片っぱしから捕まえていたが、やがて独立し、私立探偵社をひらいた。当初、部下は一〇人に満たなかった。

当時のアメリカは、まだＦＢＩのような強力な警察機構がなかったので、ピンカートンは無能な保安官たちを尻目《しりめ》に、めざましい活躍をして、そのたびに探偵社は大きく成長してきたが、労働組合との対立や警察組織の近代化の影響で徐々に衰退しはじめ、一九六〇年代にはピンカートン社と名前を変えている。一九九九年にスウェーデンの警備会社に買収され、同社のアメリカ法人となった。

推理作家のダシール・ハメットは、無名時代、このピンカートン探偵社の調査員をしたことがあり、その経験を生かして、『血の収穫』や『マルタの鷹《たか》』など、行動的な私立探偵が活躍するハードボイルドの名作を書いたのである。

日米私立探偵事情

アメリカで私立探偵になるには許可証《ライセンス》がいる。許可証《ライセンス》の発行は州によって違うが、たとえばニューヨーク州で個人営業の許可証《ライセンス》を得るには、警察か正規の探偵社につとめて三年以上の経験がなければならない。

そして、保証金を積みたてて、州の許可証サービス課に申請すると、前歴をくわしく調べられたうえ、法律用語や捜査技術に関する筆記試験を受けなければならない。

それに合格して、いよいよ開業する段になると、まず電話つきの事務所が必要になる。

自宅兼用や電話取り次ぎサービスですますことは認められない。さらに登録料を支払い、二年ごとに免許の更新手続きをしなければならないのだ。

これだけ面倒な手続きをへて取得した免許証《ライセンス》であるから、それを没収されたら目もあてられない。

現実にアメリカでは、どれぐらいの私立探偵がいるのか正確な数はわからないが、一九八六年に刊行された小鷹信光《こだかのぶみつ》の『ハードボイルドの雑学』には、約一〇万人（ロス・アンゼルス市だけでも、四、五〇〇〇人）いたと書かれており、現在では、もっと増えているだろう。アメリカでは職業として、りっぱに成り立っていることになる。

その点、日本では、私立探偵になるための許可証《ライセンス》は必要なく、だれでも自由に開業できるものの、なんの権威も権限もない。信用調査をおもに仕事にする興信所はともかく、犯罪捜査にタッチする私立探偵はゼロにひとしく、せいぜい刑事弁護士の下働きをする程度である。

推理小説はアメリカ生まれ

アメリカの詩人、エドガー・アラン・ポーが世界で最初の推理小説『モルグ街の殺人』を発表したのは一八四一年である。この作品は、ポー自身が編集に携っていた雑誌『グレアムズ・マガジン』一八四一年四月号に掲載された。

ふしぎな謎をテーマにした物語は、エジプトや中国、日本にも古くからあったのに、一八〇年ほど前、突然、新興国のアメリカで推理小説が生まれたのは、なぜか？

移民の国アメリカは、国家権力のつよい警察機構ができるより前に、自治制度が発達した。開拓民たちは自分たちで自衛の組織をつくったのである。

そこが、ヨーロッパ諸国やアジアの国々とはちがう点である。西部劇映画を見てもわかるように、事件を捜査する保安官は、犯罪捜査のプロではない。

ピストル射撃のうまい正義感が住民の投票によって選ばれるのだ。そんなアマチュアが容疑者を逮捕したところで、はたして真犯人かどうか疑わしいことを市民は知っているので、当然、裁判のなりゆきに注目する。

そして、その裁判も陪審制《ばいしんせい》である。被告の有罪か無罪を決めるのは、プロの裁判官ではなく、一般の市民から選ばれた人たちである。法律のことにはズブの素人《しろうと》の彼らが、検事側と弁護側の証言をきいて推理し、有罪か無罪かを決めるのである。

善良な市民なら、だれでも陪審員になれるチャンスがあるのだから、突然、事件の捜査や裁判というものに関心をいだく。

ここに、推理小説がアメリカで誕生する素地《そじ》があったのだ。

世界最初の長編推理小説

推理小説の元祖『モルグ街の殺人』は、同時に、短編推理小説の第一号でもあるが、それでは長編推理小説の第一号は何か？

定説では、一八六六年に新聞連載された、エミール・ガボリオの『ルルージュ事件』とされているが、それ以前に書かれた長編推理小説も存在していた。

一八六二年から六三年にかけて週刊誌『ワンス・ア・ウィーク』に連載された、チャールズ・フィリックスの『ノッティング・ヒルの怪事件』である（単行本は一八六五年に刊行）。現在、大英図書館の調査によるものとして、『ギネスブック』に世界最初の長編推理小説と認定されている。

『ノッティング・ヒルの怪事件』は、多額の保険金をかけていた女性が殺された事件に疑惑を抱いた保険調査員が、調査に乗り出すという話である。

殺人方法は他愛ないトリックだが、作家のジュリアン・シモンズは、著書『ブラッディ・マーダー』で本作が長編推理小説の先駆的作品であると指摘し、その根拠を詳しく語っている。

フランスで実際にあった事件をヒントにした、ウィルキー・コリンズの『白衣《びゃくえ》の女』は一八五九年に雑誌連載された長編で、病院を利用した人物すり替えや准男爵による財産横領の企みがみられるが、こちらは推理小説というより犯罪小説というべきであろう。

パリの暗黒街を背景に、誘拐や監禁、殺人事件などを描いた、ウージェーヌ・シューの『巴里《パリ》の秘密』は、『白衣の女』よりもさらに古い一八四二年に発表された長編だが、風俗小説の要素がつよく、こちらも長編推理小説の第一号と言うのは苦しい。

やはり、『ノッティング・ヒルの怪事件』こそが、世界最初の長編推理小説であろう。

なぜ、推理小説ブームなのか？

「推理小説は、本質的に民主主義的であり、民主主義のなかでのみ開花する」

これはミステリー評論家ハワード・ヘイクラフトの言葉である。この名言どおり、推理小説が盛んな国は、発祥の地アメリカと、その本家にあたるイギリスで、ともに民主主義の国である。

国家警察の権力がつよく、全体主義的な政治を好むスラブ民族（ロシア）や、ゲルマン民族（ドイツ）の国では、あまり推理小説は流行しない。またラテン民族（イタリアやスペイン）は、理性より情熱に走りやすいので、理屈っぽい推理小説はあまり性分に合わないらしい。

その点、第二次大戦後、日本で推理小説が大衆文学の王座を占めたのは、民主主義が普及したことの一つの証拠ともなって、おおいに喜ばしい。だが、江戸時代の昔から官僚政治が発達し、中央集権的な警察機構の充実したわが国で、どうしてこれほどまでに推理小説が流行するのか、ちょっと不思議な感じがしないでもない。

アメリカから輸入された民主主義の影響だけとは考えられない。むしろ、両国民のあいだに共通する野球好きな面と、あるいは一脈、通じる点があるのだろうか。

このブームの原因を比較文化論的に解明できたら、立派なミステリー評論家になれるだろう。

感傷を切りすてたハードボイルド小説

ハードボイルドというのは、直訳すると〈固くゆでた卵〉である。半熟卵のようにべとべとした感傷や、ねちねちした感情を切りすてて、冷酷非情な行動で事件の真相を追及するのである。

このスタイルを最初に創作したのが、ダシール・ハメットである。『マルタの鷹』や『血の収穫』は、その元祖にふさわしい傑作である。

この新しい形式はアメリカ人の生活感覚にぴったりマッチしたので、たちまちアメリカの推理小説の主流になった。

ハードボイルド小説の文学性を高めたのが、『大いなる眠り』や『長いお別れ』を書いたレイモンド・チャンドラーで、ちょっぴり内省的な思索で味つけしたのが、『さむけ』を代表作にするロス・マクドナルドである。この三人をハードボイルド派の御三家という。とくに日本ではチャンドラーの人気が高く、

「タフでなくては生きていけない。優しくなければ生きている資格がない」（生島治郎《いくしまじろう》・意訳）

と、私立探偵フィリップ・マーロウがつぶやく名セリフが受けている。

名探偵の私生活拝見

本格ミステリーの巨匠エラリー・クイーンが、推理小説の創作講座に特別ゲストとして招かれたときのことである。

「クイーンさん、さしつかえなければ、あなたの小説に登場する名探偵のセックス・ライフがどうなっているのか教えていただけませんか？」（飯城勇三《いいきゆうさん》・訳）

と質問されて、クイーンは目を白黒させたというエピソードがある。

質問したのは、ハードボイルドの元祖ダシール・ハメットだった。ハードボイルド小説はヒーローの私立探偵を血のかよった生身の人間としてリアルに描くのが建前であるから、

当然、彼らの私生活やセックス・ライフも、程度の差はあれ、かなり具体的に描かれている。とくに近年のネオ・ハードボイルドはベッド・シーンがくわしく書かれている。

それにくらべて、本格ミステリーに登場する名探偵たちは、探偵としての活躍以外となると、無色透明な人間である。

シャーロック・ホームズやエルキュール・ポワロ、金田一耕助《きんだいちこうすけ》や神津恭介《かみづきょうすけ》など、天才型の名探偵たちは独身者が多いとはいえ、女性との付き合いが皆無なはずもなく、特定の女性と交際しているようなシーンもみられない。まさか推理のために〈灰色の脳細胞〉を酷使しすぎて、女性に興味をなくしたわけでもあるまいが、不思議といえば、まことに不思議である。

それだからこそ、ハメットがちょっぴり皮肉をこめて、クイーンにこんな質問をしたのであろう。

シャーロック・ホームズは麻薬中毒だった

タレントやミュージシャンが違法薬物の不法所持で逮捕されるニュースを聞くたびに、あの名探偵シャーロック・ホームズが現代に生きていたなら、とっくに逮捕されて、有罪判決を受けているにちがいないと思う。なぜなら、彼はコカインの常用者だったからである。

彼がコカインを注射したり、言及したりする場面は、一〇作品ほどに出てくる。とくに『四つの署名』では、〈一面に無数の注射の跡がある二の腕〉に注射するシーンがくわしく描いてある。無数の注射針の跡というから、ものすごい。七パーセントのコカイン液を日に三回は打っていたらしい。

彼がコカインを注射するのは、事件がなくて退屈しているときである。精神が単調になるのを極度にきらって、刺激をもとめるのだ。

それにしても、作者コナン・ドイルは医者だったのに、なぜこんな危険な悪癖を自分のヒーローに与えたのだろうか？　ホームズは色好みでもないし、金銭にも淡白で権勢欲もない。タバコはやたらに吸うが、酒に酔って羽目をはずしたことなど一度もない。

こんな堅物《かたぶつ》な探偵ではあまり面白みがないので、天才児の特異性を強調させるために、コカインを愛用させたのだろう。当時のイギリスでは、コカインは麻薬だという観念がなく、自由に市販されていたのだ。

ところが、一八九〇年ごろから、しだいにコカインの害があきらかになったので、ドイルも後半の作品では、ホームズにコカインの使用をやめさせている。それはちょうど最近の嫌煙権の普及と同じである。

しかし、ホームズがコカインの愛用者だったというのは、推理に天才ぶりを発揮する彼の魅力のかくし味になっているのではなかろうか。

ホームズ物のパロディ作品、ニコラス・メイヤーの『シャーロック・ホームズ氏の素敵な冒険』は、ホームズがコカインの完全な中毒患者だったというアイディアを逆手にとった抱腹絶倒の作品である。

東西同一トリックを検証すると……

密室トリックの古典に、アメリカの作家M・D・ポーストの短編『ズームドルフ事件』がある。

窓から差しこむ日光が、透明な果実酒のはいった丸いガラス瓶にあたって光の焦点ができ、それが旧式の猟銃の雷管を熱して銃が暴発したため、室内で昼寝していた男に散弾が命中して死ぬ。その部屋が密室だったので、ふしぎな謎ができるのである。

これとそっくり同じトリックが、江戸川乱歩《えどがわらんぽ》の短編『火縄銃』にもある。

両方をくらべて読むと、あまりにストーリーの骨格がよく似ているので、どちらかが盗作したのではないかと思われるぐらいだ。

発表当時、乱歩の作品は英訳されていなかったが、乱歩は英文が読めたので、ひょっとしたら『ズームドルフ事件』を原書で読んだ可能性がある。

そんな疑いを招くことを乱歩自身もたいへん気にしており、著書『探偵小説四十年』で、『火縄銃』を書いた当時のいきさつを釈明している。

それによると、乱歩がこの短編を日記帳の余白に書いたのは、まだ早稲田大学に在学中の一九一五年だったそうだ。一方、『ズームドルフ事件』の雑誌掲載は一九一四年、収録されている短編集が発刊されたのは一九一八年である。

乱歩の回想によれば、ある英文の犯罪実話集に、粗悪な窓ガラスのふくらんだ個所が、ちょうどレンズの作用をし、壁にかけてあったライフル銃を暴発させたという実話がのっており、それを読んで『火縄銃』を書いたという。おそらくポーストも、その実話集を読んで、『ズームドルフ事件』を書いたのではなかろうか。

一冊の犯罪実話集から、太平洋をはさんだ東と西で、相前後して偶然、似たような密室トリックの作品が生まれたのであれば、不思議な偶然といえよう。

このような太陽光線による火災は、消防署の用語で収斂《しゅうれん》火災と呼ばれており、晩秋から真冬にかけて多く発生している。近年では、ペットボトルが凸レンズの代わりとなって収斂火災を引き起こす事例が報告されている。

同じようなトリックはモーリス・ルブランの短編(1)にもみられる。

トリックの一致もやむなしの現代ミステリー事情

競馬ミステリー『焦茶色のパステル』で第28回江戸川乱歩賞を受賞した岡嶋二人《おかじまふたり》は、その前年にも『あした天気にしておくれ』という作品を応募していたのだが、惜しくも最終選考で落選した。その理由の一つは、作中のトリックに先例があるということらしい。

先例があったのは、馬券による身代金受け取りのトリックだ。

競走用の名馬が盗まれて、犯人は馬主に二億円の身代金を要求するのだが、現金で受け取るのではなく、ある競馬レースで一番人気のない馬券を二億円ほど買えと命じるのだ。そのレースは勝負がほぼ確実に予測できるので、馬主に勝ち目のない馬券を二億円も買わせておけば、全体の売上金がふえる。

当然、払いもどし金が多くなるので、勝ち馬券をごっそり買っておいた犯人は、二億の半分ぐらいは確実に回収できる。こうすれば、警察は馬券を買った不特定多数の人びとをいちいち調べることができないから、お手あげである。

この馬券トリックは、それより数年前に発表された夏樹静子《なつきしずこ》の短編(2)にあったのだ。トリックに先例があれば、受賞をきめる選考では、どうしても不利になる。

ところが、それから七年後。先例のあるトリックがつかわれているにもかかわらず、阿《あ》部智《べさとる》の『消された航跡』が第9回横溝正史《よこみぞせいし》賞を受賞した。

それは、死体の胃に残っている未消化物によって、その被害者の死亡推定時刻をごまかすトリックである。たとえば、死体の胃の中に食後一〇分たった握りずしが残っていたとする。そして、被害者がアパートの自室で午後七時にすしの出前を取ったことがわかれば、その出前のすしを食べてから約一〇分後に殺されたことになる。

だが、ほんとうは午後六時ごろ、犯人が別のすし屋に被害者を誘い、いっしょにすしを食べてから、その一〇分後に殺したのである。

これとそっくり同じトリックは、高木彬光《たかぎあきみつ》や鮎川哲也《あゆかわてつや》の短編(3)にあり、また横溝正史やE・S・ガードナー、草野唯雄《そうのただお》、夏樹静子も、似たようなトリック(4)を使っているのだ。だが、『消された航跡』では、これが副次的に使われていたので、選者たちも大目に見て、受賞作に選んだらしい。

落選と受賞の明暗をわけた二つの例を出すまでもなく、過去にも、トリックの再使用はたびたびあった。再使用という言葉がきつすぎるなら、一致と言いかえてもよい。トリックの一致は、毎年、おびただしい数のミステリーが量産される現在では、もはや避けられない状態であるといえる。

実際、土屋隆夫《つちやたかお》の『密室学入門』と折原一《おりはらいち》の『永すぎる密室　ディクスン・カーを読んだ男』は、ほぼ同一といえる密室トリックで、密室内の状況もよく似ている（発表は前者の方が二〇年以上も早い）。

トリックの〈データ・バンク〉または〈登記所〉といった管理機関はないのだから、作家がこれから書こうとするミステリーのトリックに先例があるかないかをいちいちチェックすることはできない。一人の作家が古今東西のミステリーをすべて読破することは時間的にも不可能だし、そんなことをしていたら自分の作品を書く余裕がない。

たとえ盗用の疑いをかけられても、「あいにく不勉強で、そんな先例の作品は読んだことがない。あくまで偶然の一致だ」とシラをきれば、盗用を立証することはできないのだから、それ以上は追及される心配がない。

またトリックそのものには著作権がないから、他人が無断で使用しても、最初に考えついた作家はそれに抗議することができない。

極言すれば、トリックを再使用しても、最初に使った作者から文句を言われる筋合いはないことになる。それなら、いっそのこと、過去の埋もれたトリックを発掘し、むしろ積極的に再使用して、前作よりもすぐれた作品に仕上げるほうがいいのではなかろうか。

その意味では、古典的名作のトリックは、いわば数学の公式のようなものと言えよう。その応用問題として、新しい時代のミステリーは書かれるべきだろう。

推理小説と密室トリック

エドガー・アラン・ポーの『モルグ街の殺人』は密室内での殺人の謎を扱っており、推理小説は密室の謎とともに始まったといっても過言ではない。

江戸川乱歩の『類別トリック集成』には、ヘロドトスの『歴史』に記述されている紀元前一二〇〇年ごろのエジプト王の物語に密室の謎の原始形がみられると指摘されており、『旧約聖書』の外典《アポクリファ》にある『ベルの物語』でも、扉を閉ざして誰も出入りできない神殿から供物が盗まれる密室の怪が記されていると紹介されている（ただし、どちらも秘密の出入口が使われているため、現在の感覚からすればアンフェアな密室の謎ではある）。

現実世界でも密室の謎は存在し、乱歩は『類別トリック集成』で密室トリックの例を挙げる際、次のような事件を紹介している。

一九世紀初頭、パリのモンマルトルにあるアパートの最上階で、ローズ・デラコートという娘がベッドに寝たまま胸を刺されて死んでおり、犯行現場は人の出入りが不可能な密室状態となっていたため、警察の捜査や犯罪研究家の論議も虚しく解決には至らなかった。ポーの『モルグ街の殺人』は、この事件を基に書かれたといわれている。

密室トリックについては、『類別トリック集成』のほか、ジョン・ディクスン・カーの『三つの棺』やクレイトン・ロースンの『帽子から飛び出した死』の作中でも、トリック分類がおこなわれている。

高木彬光による推理小説評論『密室殺人の推理』では、国内外の推理小説にみられる密室トリックが紹介されている。

密室トリックは限界という意味

ミステリーと長い付き合いの密室トリックだが、ハワード・ヘイクラフトは『娯楽としての殺人』の中で、これから推理小説を書こうとする人への忠告として、「密室殺人は避けること。いまでは、それに新鮮さと面白味をつけ加えられるのは、ただ天才だけである」（林峻一郎《はやししゅんいちろう》・訳）と、述べており、評論家の紀田順一郎《きだじゅんいちろう》も『密室論』で「密室は滅びた」と悲観している。

つまり、密室トリックはすでに出つくしているので、いまさら新しいトリックを考えるのは無駄だと、極言しているのだ。

この言葉には一理あって、実際、海外のミステリーでは、密室トリックはほとんど影をひそめた。

ところが、なぜか日本では、つぎからつぎに飽きもせず密室ものの新作が書かれており、とくに新人の作品に多い。よっぽど日本人は密室トリックが好きなのだろう。

だが、正直なところ、どれを読んでも、あまり新鮮味がない。瞬間接着剤で窓の鉄格子を固定するとか、温度の差で形が変わる形状記憶合金を使った錠で密室を偽装するとか、昔はなかった新素材を利用した点が目新しいぐらいで、あとは古典にあるトリックを複雑に組み合わせたり、変形させたりしたものが目立つ。

やはり、斬新な密室トリックは、そう簡単には生まれないのだろう。

日本ミステリーの鉄道事情

海外のミステリーとくらべて、日本のミステリーでとくに目につくのはアリバイくずしの作品が多いことだ。一九八〇年代から一九九〇年代に大流行したトラベル・ミステリーでは、列車などの交通機関を使ったアリバイトリックが多かった。

こうした作品が量産されるのは日本だけの珍現象で、外国ではほとんど見かけない。それというのも、わが国の鉄道は事故でもないかぎり、時刻表どおり正確に運行されているからだ。その正確さは世界無比である。

その点、外国の鉄道はのんびりしている。三〇分や一時間程度の遅延は珍しくないから、時刻表をもとに綿密なアリバイ工作を計画しても、まったく役に立たないのだ。

トラベル・ミステリーに登場する犯人は、複雑な時刻表をくわしく調べて、まるで早まわり競走のように、数分の余裕もなく、いろいろな交通機関を乗りついで綿密なアリバイ工作をする。まるで綱渡りのアクロバットである。

しかし、よく考えてみると、日本の鉄道だって、毎日どこかで小さな事故があって、ダイヤの運行が乱れている。もし、犯人が利用する予定の列車が一本でも遅延したら、それこそドミノ倒しのように犯人のアリバイ工作は崩れるはずである。それなのに、犯人は全然そんな心配をしていない。計画性のある慎重な犯人にしては、あまりに楽観的である。

もちろん、ミステリーは架空の話であるから、こんな現実的な心配は無用なのかもしれない。時刻表の上だけで可能な犯行なら、それでいいのだろうが、なぜこうも時刻表を一〇〇パーセントも信用してアリバイ工作をするのか、ちょっと不思議な気がする。やっぱり、数字を並べただけの時刻表がかくれたベストセラーになるお国柄なのだろうか……。

その時刻表も、パソコンやスマートフォンで見る時代となり、乗り換え情報も楽に検索できるため、時刻表トリックも現在では廃れてしまった。

平林初之輔《ひらばやしはつのすけ》の『山吹町《やまぶきちょう》の殺人』は、鉄道ダイヤを利用したアリバイ工作、探偵が旅行案内（現在でいう時刻表）から犯人の移動方法を見破るなど、昭和初期の段階で時刻表トリックを使っており、鉄道ミステリーファンならば読んでおきたい作品である。

カルネアデスの板を知っているか

松本清張《まつもとせいちょう》の短編ミステリーに、『カルネアデスの舟板』というのがある。ちょっと聞きなれない題名だが、カルネアデスというのは紀元前二世紀ごろのギリシャの哲学者の名前である。

彼は、大海で船が難破したとき、海に飛びこんだ二人が一枚の板にしがみついたが、二人では板が沈むので、相手を海中につき落としておぼれさせ、自分だけが助かるのは正当かどうかという問題を提起した。

それ以来、刑法上の緊急避難を論ずる場合、この「カルネアデスの板」がしばしば引用される。日本の刑法（三十七条）では、人間の生命はみんな法的に同価値であるから、自分の生命を助けるためには、他人の生命を害するのも仕方がないとして、「カルネアデスの板」の緊急避難は処罰されないことになっている。

推理小説では、緊急避難の法律を悪用するトリックがよく使われる。たとえば、泳ぎが得意でない相手といっしょにボートに乗り、わざと転覆させて「カルネアデスの板」の状況を作りだし、完全犯罪をたくらむのだ。

自分の命を守るためには殺人もやむ無し、という観点から正当防衛という行為も法律によって認められており、正当防衛に見せかけた故意の殺人を扱ったミステリーもある。

自分の身を守るための法律を利用する数少ない作例には、江戸川乱歩や川野京輔《かわのきょうすけ》の短編(5)が挙げられる。

法律を利用した捨て身のトリック

現行の刑事訴訟法では、確定判決が出た同一事件について再び公訴を提起することは許されない。この原則を一事不再理といい、洋の東西をとわず、ミステリーのトリックに使われることが多々ある。

アガサ・クリスティーの長編(6)、M・D・ポーストの短編(7)、西村京太郎《にしむらきょうたろう》の長編(8)など、刑罰の軽い罪で裁きを受けて殺人をまぬがれるトリックがみられ、肉を切らせて骨を断つならぬ、皮を切らせて肉を守る戦術といえよう。

ヴァン・ダインの長編(9)では、この原則によって逮捕を逃れた殺人犯が、最後に人智をこえた意外な裁きを受ける。

空前の大ロングラン推理劇

ロンドンのセント・マーティンズ・シアターでは、六〇年以上にわたり、おなじ一つの芝居を上演している。ミステリーの女王アガサ・クリスティーの推理劇『ねずみとり』でである。
公演回数はすでに二万七〇〇〇回をこえ（二〇一九年四月現在）、世界の演劇史上、最長のロングランをつづけており、ロンドンの観光名物にもなっている。

この芝居がはじめて上演されたのは、一九五二年一一月二五日、ロンドンのアンバサダーズ・シアターである（ここでの上演は一九七四年まで）。原型になったラジオドラマは、故メアリ皇太后の八〇歳の誕生日を祝って、一九四七年に書かれた。それを作者みずから舞台劇に仕立てたのである。

雪にとざされた山荘で殺人事件がおきる。あやしい泊まり客が五人、そこへ刑事がやってきて、犯人の正体をあばく。登場人物はわずか八人で、ストーリーもごく単純な娯楽作品だが、最後に意外なドンデン返しがあって、観客をアッと驚かせる。

作者のクリスティーは芝居が好きで、ほかにも『検察側の証人』や『招かれざる客』など一九作の推理劇（原作のない書きおろしのオリジナル戯曲は、そのうち五作）を書いて、いろいろな劇場で上演され、映画化された作品もある。

（この項、数藤康雄《すどうやすお》氏より情報提供）

複雑化する暗号小説

エドガー・アラン・ポーの『黄金虫《こがねむし》』は、暗号小説の元祖である。その影響によるものか、推理小説の初期には暗号小説が流行して、たくさんの名作が生まれた。コナン・ドイルの『踊る人形』、M・D・ポーストの『大暗号』、M・P・シールの『S・S』、ロバート・オースティン・フリーマンの『暗号錠』、江戸川乱歩のデビュー作『二銭銅貨』などの短編が有名である。

ところが、第二次大戦の前後から、暗号の記号法が高度に機械化され、さらにコンピュータの発達で無限に複雑になると、もはやアマチュア探偵の頭脳では解読できなくなった。本来、暗号がもっていた謎ときのおもしろさがなくなったのである。

複雑な暗号が用いられた作品には、保篠龍緒《ほしのたつお》の『山又山《やまたやま》』、島本春雄《しまもとはるお》の捕物帳『悪呪隠密雛』、高木彬光の『死神の座』、藤雪夫の『獅子座』、藤木稟《ふじきりん》の『黄泉津比良坂《よもつひらさか》、血祭りの館』、水上幻一郎《みずかみげんいちろう》の『蘭園殺人事件』などがあるが、どれも、読者が推理して解けるものではないだろう。

第26回江戸川乱歩賞を受賞した井沢元彦《いざわもとひこ》の『猿丸幻視行』や、第28回乱歩賞を受賞した中津文彦《なかつふみひこ》の『黄金流砂』は、古文書にまつわる暗号だが、正直なところ、その解読法がこじつけめいており、いま一つピンとこない。

複雑化する暗号トリックに代わるのが、死にぎわの伝言《ダイイング・メッセージ》である。致命傷をうけた被害者が、息を引きとるまぎわに、犯人の名前をなにかの記号にして書き残したり、または手近にある品物をつかんで、犯人の手がかりを暗示するのだ。

これなら、単純だが推理の盲点をついた暗号がつくれるので、ミステリーの読者に歓迎される。

ベルリンの壁とスパイ小説

一九八九年一一月九日。米ソ冷戦の象徴であったベルリンの壁が崩壊し、くずれた壁から、東ドイツの市民が歓声をあげて、西ベルリンへなだれこんだ。歴史的な瞬間であった。一九六一年に構築された、ベルリンを東西に分断するコンクリートの壁は、東ドイツの市民が自由をもとめて西側に逃亡するのを防ぐためだった。

それ以来、ベルリンの壁をテーマにして、たくさんのスパイ小説が生まれた。その代表作がジョン・ル・カレの『寒い国から帰ってきたスパイ』である。イギリス推理作家協会賞とアメリカ探偵作家クラブ賞を受賞した名作である。

東西両陣営のスパイ合戦に巻きこまれた下級スパイが、味方からも欺かれたあげく、ベルリンの壁を越えて脱出しようとしたとき射殺される。その最後のクライマックスは、この壁の非情さを象徴していた。

だから、ベルリンの壁が消えて東西の交流が自由になると、スパイ小説は絶滅するのではなかろうかと早合点する人がいた。

だが、この地球上には、いたるところに紛争の火種があるから、国際間の新しい緊張が生まれるたびに、スパイ小説はそれをテーマにして書きつづけられるにちがいない。

科学捜査の進歩はミステリー作家泣かせ

最近の科学捜査の発達はめざましいものがある。たとえば、指紋はレーザー光線で精密に検出できるし、一滴の唾液《だえき》からDNA鑑定もできる。だから、ミステリーの古典にあるトリックも、現代の科学捜査では通用しないものが少なくない。

その一つの例を、名探偵シャーロック・ホームズが活躍する物語(10)から紹介しよう。

富豪の夫が美人の家庭教師と浮気しているのではないかと夫人が邪推して、しっとに狂ったあげく、その家庭教師に殺されたように偽装して、ピストル自殺する。自宅の庭園には池があって、小さい橋がかかっている。その橋のまん中で、夫人は自分の頭をピストルで撃って自殺するのだが、死体が発見されたとき、そばにピストルがなかったので、計画どおり、他殺とみなされる。

じつは前もって、そのピストルに長いひもを結び、ひもの先に重い石をくくりつけてから、橋の手すりの外へ垂らしておいたのだ。こうすれば、自殺後、ピストルは石の重みに引っぱられて橋の手すりを越え、池の中に沈んで見えなくなったというわけだ。

この事件の捜査を頼まれた名探偵ホームズは、橋の手すりに傷がついているのを見つけて、夫人の巧妙な自殺トリックを見やぶるのであるが、現代の科学捜査なら、べつに名探偵の推理など必要ない。その夫人の手を調べれば火薬反応が出るから、夫人が自分でピストルを撃って自殺したことは、たちどころに判明するのだ。ピストルを発射すると、爆発した火薬の微粒子が飛び散って、発砲した本人の手に付着するのである。

もし現代の作家がこの自殺トリックを使うなら、夫人の手にビニールの袋でもかぶせておかなければならない。そして、発砲したあと、そのビニール袋もピストルといっしょに池の底に沈めるのである。

現実の犯罪捜査では、科学捜査の発達は未解決事件を減らすためにもよろこばしいが、一方、トリックにいろいろな制約ができてしまうため、ミステリー作家は頭を悩ますのではないか。

指紋がなぜ、きめ手になるのか

犯人が現場に残す証拠のなかで、重要な決め手になるのは指紋である。

では、小さい指紋ひとつが、なぜそんなに有力な証拠になるのだろうか？　それは、つぎの法則があるからだ。

①　終生不変＝指紋は、その人が生まれてから死ぬまで、一生、変わらない。

②　万人不同＝おなじ指紋をもつ人はいない。

この二つの特性によって、犯行現場に残された指紋は確実な証拠になるのである。

指紋を偽造するトリックは、コナン・ドイルやリチャード・オースティン・フリーマンの作品にみられるが、一九世紀の当時はまだ、指紋による捜査が目新しかったのであろう。

どちらかといえば、指紋はトリックよりも犯罪を暴く手掛りになることが多く、フレデリック・デーヴィスや江戸川乱歩の短編(11)が好例だ。

江戸川乱歩の長編『悪魔の紋章』では、珍らしい三重渦状の指紋が犯人の署名がわりに使われている。

指紋学の出発点は日本の慣習から

いまでは指紋が犯罪捜査の重要な決め手になることぐらい、小中学生だって知っているが、世界で最初に、そのことに気づいた人が日本にいたと知ったら、きっと驚くにちがいない。ただし、その人物は残念ながら日本人ではないのだが……。

明治のはじめ、東京都中央区明石町のあたりは築地居留地とよばれて、たくさんの外国人が住んでいた。そのうちの一人、イギリスの医師ヘンリー・フォールズは、明治七年から同一九年まで築地病院の外科医をしていた。

そのころ、東京湾の大森海岸で、アメリカの動物学者モースが縄文時代の貝塚を発見したことが話題になったので、フォールズ医師も見学にいった。

彼は古典的な興味より、発掘された土器の破片に古代人の指紋がくっきり焼きついて残っているのを見つけて、関心をいだいた。

また、フォールズ医師は日本にきた当初から、日本人がサインのかわりに親指の先へ朱肉をつけて拇印《ぼいん》をおす慣習に興味をいだいていたので、いろんな人の拇印を集めて調べているうちに、すべての指紋がみな少しずつ違うことに気づいた。

それがヒントになって、指紋が個人を識別するのに利用できることを発見したのである。

やがてフォールズ医師の研究や、ほかの学者の研究がもとになって、イギリスやドイツで指紋の利用法が完成し、ヨーロッパでは、一九〇〇年ごろから指紋が犯罪捜査に採用され、日本では一九一一年（明治四四年）から、指紋による捜査が警察で採用されたのである。

『トム・ソーヤの冒険』で有名なマーク・トウェインは、自著の中で指紋が逮捕の決め手になると書いており、短編『ノータリン・ウィルソンの悲劇』は指紋を証拠にした最初のミステリーといわれている。

指紋を消したギャングの末路

第一次大戦後、アメリカにジョン・デリンジャーという凶悪な銀行ギャングがいた。警察に人相と指紋を知られたので、整形手術で顔を変え、ついでに指紋を消した。両手の指先の皮膚をはぎとって、わき腹の皮膚を移植したのである。

まったくの別人になったと安心したデリンジャーは、ふたたび銀行に押し入ったが、ふしぎなことに、現場に残した指紋が昔のままの指紋だったので、あっけなく身元がばれた。五万ドルもかけた手術は失敗だったのだ。

人間の皮膚は、表皮と、その下にある真皮とでできている。真皮の下に乳頭があり、それが汗腺《かんせん》といっしょに表皮の外へもりあがって、指紋となる。

だから、いくら表皮がすりへっても、指紋は消えない。また別の皮膚を移植しても、もとの指紋が下からあらわれるので、皮膚の下の肉までけずりとらなければ指紋を消すことはできないのである。

汗疱《かんぽう》という皮膚病で汗腺が詰まり、白くふやけた指先の皮膚がむけ、そのむけた皮膚を利用して汗疱患者に疑いをかけさせる奇抜なトリックが、斉藤栄《さいとうさかえ》の長編(12)にある。

(1) モーリス・ルブラン『水瓶』(偕成社『アルセーヌ＝ルパン全集14　八点鐘』所収)
(2) 夏樹静子『五千万円すった男』(徳間文庫『重婚』所収)
(3) 高木彬光『殺意の審判』(光文社文庫『黒白の囮』所収)
鮎川哲也『五つの時計』(創元推理文庫『鮎川哲也【短編傑作集】1　五つの時計』所収)
(4) 横溝正史『夜歩く』(角川文庫『夜歩く』)
E・S・ガードナー『ころがるダイス』(ハヤカワ・ミステリ文庫『ころがるダイス』)
草野唯雄『鳴き竜殺人事件』(角川文庫『鳴き竜殺人事件』)
夏樹静子『Wの悲劇』(光文社文庫『Wの悲劇』)
(5) 江戸川乱歩『断崖』(光文社文庫『江戸川乱歩全集15　三角館の恐怖』所収)
川野京輔『深夜の令嬢』(論創社『川野京

輔探偵小説選Ⅱ』所収）
（6）アガサ・クリスティー『スタイルズ荘の怪事件』（早川書房・クリスティー文庫『スタイルズ荘の怪事件』）
（7）M・D・ポースト『鋼鉄の指を持つ男』（論創社『ムッシュウ・ジョンケルの事件簿』所収）
（8）西村京太郎『殺人者はオーロラを見た』（徳間文庫『殺人者はオーロラを見た』）
（9）ヴァン・ダイン『カブト虫殺人事件』（創元推理文庫『カブト虫殺人事件』）
（10）コナン・ドイル『ソア橋の怪事件』（創元推理文庫『シャーロック・ホームズの事件簿』所収）
（11）フレデリック・デーヴィス『妖魔の指紋』（『推理界』一九六八年二月号に翻訳掲載）
江戸川乱歩『双生児』（光文社文庫『江戸川乱歩全集1　屋根裏の散歩者』所収）
（12）斎藤栄『謎の幽霊探偵』（中公文庫『謎の幽霊探偵』）

第二章

事実は小説よりもミステリー

古今無双の推理作家列伝

同一作者が対談するトリックとは

一九三二年、アメリカで推理小説の傑作が二冊つづけて出版された。エラリー・クイーンの『エジプト十字架の秘密』と、バーナビー・ロスの『Yの悲劇』である。

この二作を読んだ読者は、どちらが傑作か意見がわかれた。そこで、黒いマスクで覆面したクイーンとロスが講演会で対決して、論争しあった。

ところが、数年後にわかったことだが、『Yの悲劇』の作者バーナビー・ロスというのは、『エジプト十字架の秘密』の作者エラリー・クイーンのペンネームだったのである。

では、どうしてクイーンが二人の覆面講師として、壇上で対決することができたのか？

ここに、エラリー・クイーンのもう一つの秘密がある。じつは、マンフレッド・リーとフレデリック・ダネイという二人のいとこの合作ペンネームがエラリー・クイーンだったのだ。だからこそ、二人が覆面して、壇上で討論しあうことができたわけだ。

読者を欺くのが得意な推理作家らしい、手のこんだ演出ではないか。

二人で一人のミステリー作家

マンフレッド・リーとフレデリック・ダネイのように、外国では、夫婦や友人同士で合作する例がよくある。

夫婦の合作で有名なのが、スウェーデンのペール・ヴァールー＆マイ・シューヴァル夫妻である。『笑う警官』、『消えた消防車』、『密室』など、ストックホルム警視庁殺人課のマルティン・ベック主任を主役にした警察ミステリーを一〇冊合作し、第四作『笑う警官』は一九七一年度のアメリカ探偵作家クラブ最優秀長編賞（エドガー賞）を受賞した。

一〇冊目を完成させた直後の一九七五年に夫は急死したが、このシリーズは、スウェーデンの社会をリアルに描写した警察ミステリーの傑作として評判が高く、世界の三〇か国で翻訳出版されている。

また、フランスの作家ピエール・ボワローとトーマ・ナルスジャックのコンビも有名である。この二人は最初、べつべつに推理小説を書いて、すでに一家をなしていたが、一九五二年、合作による第一作『悪魔のような女』が映画化されて大ヒットすると、それからはボワロー＝ナルスジャックのペンネームで、ほぼ年に一作のペースで約四〇年間、サスペンス・ミステリーを合作しつづけた。

知人や夫婦、親子の合作例として、名作『エンジェル家の殺人』の作者ロジャー・スカーレットはドロシー・ブレアとイヴリン・ペイジという女性二人のペンネーム、お色気探偵ハニー・ウェストを生み出したG・G・フィックリングはフォレスト・E・フィックリングとグロリア・フィックリングの夫婦合作ペンネーム、オカルト探偵《フリクスマン・

ロウ》シリーズを書いたE&H・ヘロンはヘスキス・プリチャードと母親キャサリン・オブライエン・プリチャードによる親子のペンネームである。

ボワロー＝ナルスジャックのように、既成作家同士が別名義で合作する例は、日本にもある。

一九四七年、海野十三《うんのじゅうざ》と角田喜久雄《つのだきくお》は青鷺幽鬼《あおさぎゆうき》という合作ペンネームをつくり、『昇降機《エレベーター》殺人事件』と『能面殺人事件』を発表したが、海野の死去により、この二作でコンビは解消となった。海野の没後、角田によって正体とペンネームの由来が明かされた。

日本のミステリー文壇における有名な合作例は、競馬ミステリーの傑作『焦茶色のパステル』で第28回江戸川乱歩賞を受賞した岡嶋二人だろう。徳山諄一《とくやまじゅんいち》と井上泉《いのうえいずみ》という七つ違いの友人の共作ペンネームである。だが、この名コンビも、一九八九年に『クラインの壺』を発表後、解散してしまい、現在は、井上泉が井上夢人《いのうえゆめひと》として作家活動をつづけている。

このほか、藤雪夫《ふじゆきお》・桂子《けいこ》の父娘が合作して『獅子座』という長編を発表しており、切手ミステリー『見返り美人を消せ』で第5回横溝正史賞を受賞した石井竜生《いしいたつお》と井原《いはら》まなみは夫婦である。

『地獄の奇術師』で作家デビューした二階堂黎人《にかいどうれいと》は、愛川晶《あいかわあきら》と彩胡《さいこ》ジュンの名前で『白銀荘の殺人』を発表したほか、黒田研二《くろだけんじ》とはクイーン兄弟、千澤《ちざわ》のり子とは宗像キメラの名前で長編を発表している。

トリックを考えつくのは得意だが、文章を書くのが苦手な場合、文章を書くのが好きな相手を見つけて、合作するのも一つの方法ではある。

推理小説は、一人で書くとストーリーの構成や伏線の配置、推理の論法などが、どうしても一本調子になるから、むしろ二人で検討しあいながら合作するほうが適しているのかもしれない。

四人揃えば新人作家

犯罪計画を企てる学生たちが殺人事件に巻き込まれる『わが師はサタン』でデビューした鷹見緋沙子《たかみひさこ》は新人女流作家として華々しく登場したが、後年、作家三人と推理小説研究家によるハウスネーム（共同ペンネーム）だと明らかにされた。

メンバーは、大谷羊太郎《おおたにようたろう》、草野唯雄、天藤真《てんどうしん》、中島河太郎《なかじまかわたろう》である。草野が合作を提案し、中島がディレクター役となって、鷹見緋沙子なる女流作家が誕生したというわけだ。

過去と現代の二部構成サスペンス『沈黙の教室』で第48回日本推理作家協会賞を受賞した折原一は、「サラリーマン時代に三人の知人と合作して江戸川乱歩賞へ密室ものの長編を応募する予定だったが、結局は意見がまとまらず、チームは空中分解した」と述懐している。

三人よれば文殊《もんじゅ》の知恵というコトワザもあるが、よほど親しい関係でなければ、数人でグループを組んで共作するのは難しいようだ。

作者の名前と探偵の名前

ミステリー作家の中には、自分と同じ名前を探偵につける人がいる。つまり、作者と探偵とが、同姓同名というわけだ。

その最初の成功例が、本格派の巨匠エラリー・クイーンである。『エジプト十字架の秘密』などの国名シリーズや、ほかの作品にも登場するアマチュア探偵に、自分と同じエラリー・クイーンという名前をつけている。しかも、そのクイーン探偵の本職は推理作家というから、まるで作者自身がそのまま探偵になったような錯覚をうける。

また酔いどれルンペン探偵カート・キャノンも、その生みの親である作者は同姓同名のカート・キャノンであるから、まるでキャノン探偵が自叙伝を書いたようにも受けとれる（作者の正体はエド・マクベイン）。

日本では、江戸川乱歩賞作家の仁木悦子《にきえつこ》が、『棘《とげ》のある樹』や短編などで自分と同名の仁木悦子という女子大生を登場させ、兄とコンビを組んで探偵役をやらせている。

同じ女流作家の栗本薫《くりもとかおる》も、第24回江戸川乱歩賞を受賞した『ぼくらの時代』などで、自分と同姓同名の栗本薫という探偵役を登場させている。このカオル君は私立大学の男子学生である。

一九八九年に新本格派作家としてデビューした法月綸太郎《のりづきりんたろう》は、エラリー・クイーンに心酔しているせいか、『雪密室』や『生首に聞いてみろ』などに、名前だけでなく職業まで作者と同一の法月綸太郎を登場させている。

いくら虚構の謎が好きなミステリー作家とはいえ、なぜこんなまぎらわしいことをするのか？

その理由を、評論家のアントニー・バウチャーは、

「探偵小説の読者というものは、シリーズ探偵の名前はいつまでも覚えているが、その探偵の創造主の名前はあっという間に忘れてしまう傾向があるのだ」（飯城勇三・訳）

と考察している。

ミステリー作家の量産レース

名探偵メグレ警視の生みの親、ベルギー生まれのジョルジュ・シムノンは、量産作家としても有名である。

一七歳のときから一六のペンネームを使いわけて執筆活動をしており、七〇歳で現役引退するまで、なんと四七四冊の本を書いた。五五か国で翻訳されて、のべ五億冊以上も売れたという。

その中でメグレ警視ものは七五冊（長編が六九冊、短編集が六冊）あって、ミステリーではない小説も多い。

また、シムノンは筆がはやいことでも有名だった。たった一日で長編を書きあげた記録もある。

きれいにけずった鉛筆を八〇本と大量のコーヒーを用意して書斎にこもると、書き終えるまで面会謝絶、いっさい電話にも出ない。そして、くたくたに疲れて書斎から出てきたときは、一冊分の原稿ができあがっているというわけだ。

イギリスの作家J・J・マリックは、『ギデオンと放火魔』や『ギデオンの一日』など、ロンドン警視庁のギデオン警視を主人公にした警察小説のシリーズで有名だが、本名をジョン・クリーシーといい、二四歳のときに最初の本を出してから、なんと二四ものペンネームを使いわけた。

月に一冊のペースで書きまくり、二五年間に三三三冊を出したが、あまりにも書きすぎるので、年に八冊のペースに落としてくれと出版社から頼まれたという。著書は四〇〇冊を突破し、シムノンの記録を上回っているのではなかろうか。

日本のミステリー作家では、赤川次郎《あかがわじろう》、栗本薫、島田一男《しまだかずお》、斎藤栄、笹沢左保《ささざわさほ》、佐野洋《さのよう》、西村京太郎、森村誠一《もりむらせいいち》、山村正夫《やまむらまさお》、山村美紗《やまむらみさ》、横溝正史、和久峻三《わくしゅんぞう》が、多作家として知られる。

赤川次郎と西村京太郎は、いまだに新刊を年に一〇冊以上も出しており、両者とも著書が六〇〇冊を突破した。

懸賞応募落選から流行作家へ

長編ミステリーの懸賞募集に応募して、みごと受賞したものの、それ以後は鳴かず飛ばずの人がいれば、反対に、惜しくも入選を逃して佳作どまりになったのに、それがきっかけで、はなばなしく流行作家にのしあがる人もいる。

この幸運（?）な落選組に、笹沢左保や夏樹静子、山村美紗がいる。いくらでも量産できる実力はあるのだが、一発勝負の懸賞応募では力が分散してしまい、一作に全力投球ができないので、入選を逃すのかもしれない。

とりわけ、山村美紗は四回も江戸川乱歩賞に応募し、そのうち三回は最終候補まで残ったのに、あと一歩のところで手がとどかなかった。

だが、候補作『マラッカの海に消えた』が運よく出版されたおかげで上げ潮にのるチャンスをつかみ、その後は京都を舞台にした作品をつぎつぎに発表し、トリック・メーカーと呼ばれて、たちまち文壇長者番付のベストテンに入るほどの売れっ子作家になった。

懸賞募集に応募した作品が落選しても、がっかりすることはない。実力さえあれば、作家になれるのだ。

内容さえよければ受賞できる

『大いなる幻影』で第8回江戸川乱歩賞を受賞した戸川昌子《とがわまさこ》は、タイピストの勤めをやめてシャンソン歌手になったが、出演の合間に楽屋でぼんやり時間をすごすのがもったいないのでミステリーを書きはじめたそうだ。

せまい楽屋の中、あるときはドラムの上、あるときは鏡台の上で、鉛筆、万年筆、ボールペンなど、手近にあるものを使って、ちょこちょこ書いては、愛用の大きなズタ袋の中に入れていた。

乱歩賞の締め切り日が迫っていたので、ろくに清書もせず、最後は渋谷のストリップ劇場の楽屋で書きあげて、いそいで郵送した。

「こんなきたない原稿は見たことがない」

と、選考委員たちは顔をしかめたそうだが、それでも、みごと入選したのである。

小説は、やはり中身の勝負だ。

芸能界から推理作家へ転職した男

『殺意の演奏』で第16回江戸川乱歩賞を受賞した大谷羊太郎は、音楽業界出身のミステリー作家である。

慶応大学に在学中から音楽バンドを編成し、みずからもギターを弾いて、在日アメリカ軍の基地やジャズ喫茶店で演奏していた。その後、芸能プロダクションに勤めて、いろいろな新人歌手のマネージャーをしながら全国を巡業してまわったが、芸能界から足を洗いたくなって、乱歩賞に応募することにした。

なにしろ巡業中に執筆するのだから、満足に机に向かう暇がない。歌手のリハーサル中にスタジオの照明を利用して立ったままで書いたり、列車や車の中ではひざの上に原稿用紙をひろげて書いたりした。

そして、五回も挑戦して、やっと念願の受賞をはたした。彼の作品に芸能界をテーマにしたものが多いのは、こんな前歴があるからだ。

芸能プロ時代に、ある流行歌手のマネージャーをしたことがあって、後年、その歌手が愛人を殺して逮捕されるというショッキングな事件があったが、これも殺人の物語を書くミステリー作家の、なにかの因縁《いんねん》かもしれない。

四〇歳をすぎてから、オートバイの運転に熱中して、『青春の仮免許』や『殺意の集う夜』など、オートバイをテーマにした作品を書いている。

二〇〇九年からは、時代小説の執筆にも手を広げ、《紫同心江戸秘帖》や《隠密美剣士》などを執筆し、新たな読者を獲得している。

二〇一一年には、日本推理作家協会の名誉会員となった。

楽観的な占いが見事に的中

名探偵・神津恭介《かみづきょうすけ》の生みの親である高木彬光は、京都大学工学部を卒業して、飛行機をつくる軍需会社に勤めていたが、敗戦で会社が解体され失業した。とりあえず食いつなぎのつもりで、易者《えきしゃ》にでもなろうと思って、あちこちの易者を下見してまわっていたら、その一人から、

「あなたはなぜ小説を書かないのですか。あなたの骨相は、中里介山によく似ているから、その道ではかならず成功します。それも出来るだけ長いものを書きなさい」

と言われたので、びっくりした。

それまで文学の勉強などしたことがなく、まして失業中の身では、売れる当てのない小

説を書いている場合ではない。だが、占いが好きだった彼は、この御託宣《ごたくせん》を信じて、わずか三週間ほどで、三〇〇枚ほどの長編ミステリーを一気に書きあげた。

探偵小説だけは学生時代にすこし読んでいたので、小説を書くなら、探偵小説しかないと考えたのだ。終戦直後の混乱期で、まともな原稿用紙がなかったので、ワラ半紙にびっしり書いたのである。

そして、あちこちの出版社に持ちこんだが、無名の男が書いた長編小説など、どこも相手にしてくれない。当時の出版界は、用紙の不足で極度に窮迫していたのだ。

がっかりしながら、もう一度、その易者のところへお伺いに行ったら、

「それはあなたの作品が悪いせいではない。認める人間がいないだけだ。誰か大家のところへ送りなさい。これが歴史的な作品だということは、かならず年内に認められる。間もなく注文が殺到して来て、さばききれないようになるだろう。これから後一五年、あなたの生きて行く道はこれしかない」

と、今度も、すこぶる楽観的な御託宣である。

そこで、原稿用紙に清書してから、ミステリー文壇の巨匠・江戸川乱歩のところへ郵送した。乱歩はこの無名の投稿を読んで、その密室のトリックのすばらしさに感激し、すぐに出版社へ話をつけてくれた。

こうして、やっと日の目をみたのが、日本のミステリーのベストテンに入る名作『刺青

殺人事件』である。

このデビュー作で、はなばなしく登場した高木彬光は、その後も『人形はなぜ殺される』や『成吉思汗《ジンギスカン》の秘密』、『白昼の死角』など本格ミステリーの傑作をつぎつぎに発表して、易者の予言どおり流行作家になった。

（文中の引用は「処女作前夜」より）

推理小説ブームの火付け役は車イスの女流作家

病気の療養でベッドに寝たまま事件の謎をとく、寝台探偵ならぬ寝台ミステリー作家がいる。『猫は知っていた』で、第3回江戸川乱歩賞を受賞した仁木悦子である。

四歳のとき、脊《せき》ついカリエスにかかって、ずっとベッドに寝たきりの生活だった。小学校へも通えず、兄から本を読むことを教わった彼女は、ひとりで勉強しているうちに自分でも小説を書いてみたくなった。

ベッドに寝たままの不自由な姿勢で、最初は童話を書いていたが、二八歳のとき、長編ミステリーを書きあげて、みごと乱歩賞を獲得したのである。

このことがマスコミの話題になったことも手伝い、受賞作はベストセラーになり、わが国の推理小説ブームのきっかけになった。

その後、手術をうけて車いすに乗れるようになり、明るいほのぼのとしたムードの推理小説を書きつづけたが、昭和六一年、五八歳で亡くなった。

小学校の門さえ一度もくぐらなかった女性がプロの作家になったのも、病床での涙ぐましい努力があったからにちがいない。

刑務所は最高のミステリー学校

黒人コンビの暴力刑事シリーズ《棺桶《かんおけ》エドと墓掘りジョーンズ》を書いたチェスター・ハイムズは、刑務所で八年間服役した、前科者の黒人作家だ。刑務所《ムショ》帰りだから、犯罪小説はお手のものだ。

革命家と同じように、推理作家にとっても、刑務所は最高の大学かもしれない。

ハイムズの作品は、『狂った殺し』や『黒の殺人鬼』、『ロールスロイスに銀の銃』など、八冊が翻訳されている。

クリスティーを有名にした失踪事件

アガサ・クリスティーは二六歳のとき、『スタイルズ荘の怪事件』を書いてデビューしたが、あまり評判にならず、姉のマッジも妹が推理小説を書くことについて「あなたにはできっこない、賭けてもいいわ」と言っていた。

名作『アクロイド殺し』を発表した一九二六年に真性の記憶喪失にかかって失踪し、一一日後に発見されて、マスコミがこの怪事件を大きく報道したので、本の売れ行きがのびて、一躍、名声があがった。

そして、それ以後、八五歳で亡くなるまで、長編六六冊、短集一四冊、ロングランの世界記録をつくった『ねずみとり』などの戯曲を書いて、著書は全世界で四億冊以上も売れたといわれている。

【参考資料】『アガサ・クリスティー自伝』乾信一郎訳

トリックなら奇術師作家におまかせ

クレイトン・ロースンといえば、奇術師の名探偵マーリニが活躍する『帽子から飛び出した死』や『首のない女』を書いた作家だが、ロースン自身もアマチュアの奇術師なのである。自分が舞台に立つときの芸名がマーリニで、小説の主人公と同じ名前を使っていた。

日本にも、同じく奇術師のミステリー作家がいる。『乱れからくり』で第31回日本推理作家協会賞を受賞した泡坂妻夫《あわさかつまお》である。プロをしのぐほどの腕前の奇術師で、創作奇術を発表して、石田天海賞という奇術界の大きな賞を受けている。

この趣味をいかして、アクロバティックなトリックを創作するのが得意である。

本職は紋章上絵師で、これは和服に家紋を描く細密な仕事である。

技巧は作家の〝いかにも〟な特技

佐野洋といえば、短編ミステリーの名手であるが、彼はまた折り鶴の名人でもある。いろいろな変形の折り鶴ばかりでなく、爪楊枝《つまようじ》を使って、米粒ほどの小さい鶴を折ることもできれば、なんと両足の指だけで鶴を折る芸当ができるのだ。

いかにも技巧派作家にふさわしい特技である。おそらく頭のてっぺんから爪先《つまさき》まで、器用な神経がゆきわたっているのだろう。

この特技がミステリーに結晶したのが、折り鶴にまつわる奇怪な事件の謎をとく短編集『折鶴の殺意』である。

まぎらわしいペンネームにご注意

海外のミステリー作家には、なぜか複数のペンネームをもつ人が多い。

密室トリックの大家ジョン・ディクスン・カーは、カーター・ディクスンという名でも書いている。本名のカーのときは、名探偵ギデオン・フェル博士を登場させて、『帽子収集狂事件』や『三つの棺』など、ディクスン名義のときは名探偵ヘンリ・メルヴェール卿を登場させて、『白い僧院の殺人』や『ユダの窓』などの代表作を発表している。

法廷ミステリーの名探偵ペリー・メイスン弁護士の生みの親E・S・ガードナーも、A・A・フェアの別名で、凸凹コンビの探偵バーサ&ラムのユーモア・ミステリーを書いている。

警察ミステリーの傑作である87分署シリーズの作家エド・マクベインは、五つの筆名をもって、いろいろな分野の小説を書きわけている。

もっとすごいのは、英国推理作家協会を設立者の一人であるジョン・クリーシーで、前記のJ・J・マリックなど二四の筆名を使いわけて、六五〇冊も書きまくったというから、まさに超人的だ。だが、残念ながら、マリック名義の代表作《ギデオン警視》シリーズですら、日本ではたった八冊しか翻訳書が出ていない。

外国のミステリーには、まぎらわしいペンネームが多いから、まどわされないように、くれぐれもご用心。

三〇を越えるペンネームを持つ作家

平井《ひらい》太郎《たろう》という名を聞いて、すぐにピンとくる人は、かなり推理小説を読みなれた人だろう。これは江戸川乱歩の本名である。ペンネームの由来は、推理小説の元祖エドガー・アラン・ポーをもじったものだ。

戦時中、乱歩は小松龍之介《こまつりゅうのすけ》という別名で、子ども向けの科学読物などを書いていた。

平井太郎のペンネームは二つだが、日本の推理作家のなかには、海外に負けず劣らず、多数のペンネームを持つ作家がいる。

たとえば、金田一耕助シリーズで有名な横溝正史。本名は正史《まさし》だが、ペンネームでは正《せい》史《し》と読ませる。

横溝正史には、わかっているだけでも、浅沼健治《あさぬまけんじ》、阿部鞠哉《あべまりや》、河上五郎《かわかみごろう》（河村五郎《かわむらごろう》）、川崎七郎《かわさきしちろう》、川端伍郎《かわばたごろう》、河原三十郎《かわらさんじゅうろう》、坂井三郎《さかいさぶろう》、蓼科三《たでしなさん》などのペンネームがある。

先に紹介したJ・J・マリックを越えるペンネームを持っているのが、NHK職員として数多くのミステリードラマを演出し、推理小説の著書も数冊ある川野京輔である。

本名は上野友夫《うえのともお》だが、エッセイによれば、一回限りで使い捨てられたものも含め、三〇を越えるペンネームを使っていたという。

愛読者や研究者泣かせの作家は、日本にもいたのだ！

推理作家になるには入院すべし？

名作『グリーン家殺人事件』や『僧正殺人事件』の作者ヴァン・ダインは、文学や美術の評論家だったが、勉強をしすぎて、ひどい神経衰弱になった。医者からむずかしい研究書を読むことを禁じられたので、療養中の気ばらしとして、気軽に読める推理小説を片っぱしから読破した。

手あたり次第に読んでいるうち、「この程度の小説でお金がもうかるなら、自分にだって書けないはずがない」と思った彼は、病気がなおると推理作家に転向して、『ベンスン殺人事件』や『カナリア殺人事件』などを書いた。

それまでの低俗なミステリーとちがって知的水準の高い論理的な本格ミステリーだったので、たちまちベストセラーになり、映画化もされて、評論家時代の何十倍もの大金をかせいだのである（ジョン・ラフリーが書いたヴァン・ダインの伝記によると、この逸話は虚偽であり、実際は借金苦からミステリーの執筆を始めたようだ）。

名探偵ジョゼフフレンチ警部の生みの親であるF・W・クロフツも、四〇歳のときに大病をわずらい、療養のつれづれに推理小説を読んで、自分でも書いてみる気になった。それがアリバイくずしの名作『樽《たる》』である。

鉄道技師だった経験を活かして、その後も交通機関を利用したアリバイ・トリックの傑作をつぎつぎに発表した。

G・D・H・コールも、病気療養中、仕事を禁じられた退屈をまぎらわせるため、『ブルックリン家の惨事』を書いたという。

公約を破って公約を証明したヴァン・ダイン

「一人の作家に、すぐれた長編推理小説のアイディアが六つ以上も考え出せるはずがない。だから、私は六冊以上は書かないつもりだ」

こう宣言したのは、『探偵小説作法の二十則』を提唱したヴァン・ダインである。ところが彼自身、この公約を破って一二冊の長編を書いたのである。だが、その結果は皮肉にも自分の主張を証明することになった。前半の六冊が粒ぞろいの傑作なのにくらべて、後半の六冊は、はっきり言って駄作である。

では、なぜ自分の信念を曲げてまで、六冊以上の長編を書いたのだろうか?

前半の六冊がベストセラーになって世界各国でも翻訳され、しかも映画化されて印税や原稿料ががっぽり入ったので、欲に目がくらんだのか、あるいは出版社のつよい要望に負けたのかもしれない。

いずれにしろ、自ら提唱した公約を自分自身で証明する、皮肉な結果となってしまった。

ミステリー作家の悲劇的な最期

一九一二年四月一四日の夜、イギリスの豪華客船タイタニック号がイギリスからニューヨーク港へ向かう処女航海中、大西洋上で氷山に衝突して、わずか三時間たらずで沈没した。世界最大の海難事故といわれている。

救命ボートが不足し、女性と子どもを先に避難させたため、乗船者二二〇八人のうち、一五一三名が船と運命をともにして海底へ消えた。

その犠牲者の中に、アメリカの推理作家ジャック・フットレルがいた。名探偵〈思考機械《シンキング・マシン》〉の作者である。〈思考機械〉というのは本名をオーガスタス・S・F・X・ヴァン・ドゥーゼンといって、哲学博士、法学博士、王立学会会員、医学博士、歯科博士の肩書きをもつ天才探偵である。

「チェスの駒を、いま始《ママ》めて手にする者でも、論理的な思考能力さえ有効に働かせれば、一生を盤面の研究に捧げつくした専門棋士を相手にしても、容易に勝利をかちうることができる」(宇野利泰・訳)

と豪語し、わずか一日のレクチャーを受けただけでチェスの世界選手権保持者に勝利したことから、思考機械という異名がついた。

タイタニック号が沈没するとき、作者フットレルは妻を救命ボートに乗せて、自分は船にとどまって運命をともにした。トランクには未発表の短編六作の原稿が入れてあったが、それも海底に沈んだという。推理小説史上、まことに惜しい悲劇である。

大統領はミステリーがお好き

有名人にも、推理小説マニアはたくさんいる。アメリカの第32代大統領フランクリン・ルーズベルトも、その一人である。

彼は読むだけでなく、自分でも書きたくてストーリーまで考えたが、なにしろ世界一いそがしい男といわれる大統領なので、とても書く時間がない。また肝心の最後の解決策のトリックがなかなか思いつかないので、有名な推理作家ヴァン・ダインやE・S・ガードナーなど六人の作家にストーリーを話して代作してもらった。

それが『大統領のミステリ』という作品である。

ルーズベルトのような有名人が現在の生活にむなしさを感じ、妻との仲も冷えきったので蒸発し、まったく別人になって新しい生活をはじめる変身トリックの小説である。

ただ遠くへ逃げるだけなら簡単だが、信託財産をそっくり持ち出し、妻や友人たちがいるところからそう遠くない場所で別人になって暮らすところに、このトリックのおもしろさがある。

栄光をきわめた政治家が、日々のわずらわしい激務から解放されたいと思う夢物語であるが、六人の作家に分担させて書かせたので、小説の出来栄えとしては失敗だったらしい。

二〇一八年には、ビル・クリントン元大統領が、ジェイムズ・パタースンとの共著で『大統領失踪』を書いている。こちらは、姿を消した大統領の謎にサイバーテロをからませ、インターネット社会の危うさに警鐘をならす、リアリティたっぷりの長編である。ミステリーとしての完成度が高いだけでなく、大統領だからこそ書けた、ホワイトハウスに関する描写も読みどころの一つである。

第三章

こんなミステリーがあった

知られざる推理小説ガイド

★ 読者を犯人にした究極の大トリック

推理小説の犯人は意外な人物であればあるほど、最後まで読んだ読者はアッと驚かされる。

刑事、裁判官、検事、法医学者、事件を捜査する探偵……。多くの作家が手を変え品を変え、意外な犯人を生み出してきた。

これらは、いずれも作中人物における犯人の意外性だが、「読者が犯人だ！」という、びっくり仰天のトリックに挑戦した作品も存在する。

辻真先《つじまさき》の『仮題・中学殺人事件』と深水黎一郎《ふかみれいいちろう》の『最後のトリック』である。

現実世界の読者がフィクション世界でおこる事件の犯人となりえるのか。その奇抜なトリックは、ぜひ、原作を読んで確認してほしい。

なお、辻真先は連作短編集『九枚の挑戦状』で、「読者以外の全員が犯人」という前代未聞のトリックに挑み、みごと成功させている。

★ 犯人＝被害者の怪トリック

「わたしはその事件の探偵です。そして証人です。また被害者です。さらには犯人です。

わたしは四人全部なのです。いったいわたしは何者でしょう?」(平岡敦・訳)

こんな奇抜なキャッチフレーズで話題をよんだミステリーがある。フランスの作家セバスチャン・ジャプリゾの『シンデレラの罠』だ。

一人四役のトリックがどうして可能なのか。それは原作を読んで確認していただきたいが、どだい最初から無理な謎を設定しているので、その解決策は賛否両論かもしれない。

国産ミステリーにも、これとよく似た一人三役(犯人、被害者、探偵)のトリックに挑戦した作品がある。都筑道夫《つづきみちお》の『猫の舌に釘をうて』だ。

こちらのほうはストーリーの記述法に二重三重の罠がしかけてあるので、読者はまるで落丁本か乱丁本を読まされているような気がして、頭が混乱する。

読み終わっても、正直なところ、なにがなんだかチンプンカンプンで、さっぱりわからない。これなどもミステリー界の奇書の一つではなかろうか。

「推理作家は嘘をつくのが商売ですから、まともにご信用になると、馬鹿を見るかも知れません。本格と見せかけて、実は——というテクニックもございます」

というのが作者のコメントであるが、それにしても、あまりアクロバット的な奇をてらいすぎると、アイディア倒れになって、読者はしらけるだけだろう。

マニアックな読者は珍重がるかもしれないが、やはり、ミステリーは単純で明快、それでいて推理の盲点をついた意外性のあるのがいい。

なお、草野唯雄の『陰の告発者』では、一人六役という驚愕大トリックが仕掛けられている。章ごとに記述者の視点を変えるなど、一見すると複雑な技巧派作品のようだが、奇抜な内容とは裏腹に読み易く、ミステリー初心者にもおすすめの作品だ。

★結末のわからないミステリー

推理小説は、最後の章で犯人をあばいて、事件の真相を解き明かすのが普通である。ところが、そうした結末がないミステリーもある。

べつに作者が急死して、未完に終わったからではない。結末がどうなるか、その判断を読者の想像にまかせるのである。これをリドル・ストーリーという。リドルとは謎という意味だから、〈謎のままの小説〉である。

その代表的な名作が、一八八二年に発表されたフランク・R・ストックトンの短編『女か虎か』である。

＊　＊　＊

むかし昔、ある王国に、わがままで情熱的な王女がいて、ハンサムだが身分のひくい若者と恋仲になった。王様は激怒して、その若者を捕えて裁判にかけることにした。

その裁判というのがちょっと変わっていて、円形闘技場に若者を引き出して、場内にある二つの扉のどちらかを自分で選んであけさせるのである。一方の扉の奥には飢えた猛獣の虎が、もう一方の扉には絶世の美女がかくれている。

虎のいる扉をひらけば、若者は食い殺されるし、美女のいる扉をあけたら、罪をゆるされるが、その美女と結婚しなければならないのだ。

審判の日。闘技場には、この若者の運命をひとめ見ようと、おおぜいの観衆がつめかけていた。

場内にひき出された若者は、どちらの扉をあけようか迷って、スタンドの王座のそばにいる王女のほうを見ると、彼女は右側の扉をそっと指さした。じつは、どちらの扉に虎がひそんでいるか、彼女は係の者からひそかに聞き出して知っていたのだ。

王女の合図を見て、若者はなんのためらいもなく、彼女が示した扉をあけたのだが、はて、中から現れたのは美女か、虎か？

＊　＊　＊

この小説は、ここでポツンと切れて終わっている。結末は読者の想像にまかせるというわけだ。

この若者の運命は、王女の決断ひとつにかかっている。虎の扉を選べば、若者はかみ殺される。反対に美女の扉なら、彼はその美女と結婚するので、王女は失恋する。

まさに二者択一のジレンマである。わがままで情熱的な王女は、はたして自分の恋人にどちらの運命を選ばせたのかそれは永遠の謎である。

もし、作者がここで安易に結論を書いたら、平凡な小説になったにちがいない。結末を謎のまま残したからこそ、短編ミステリーの傑作になったのだ。これがリドル・ストーリーの極意である。

この名作をお手本にして、それ以後、いろいろな謎を設定して、二者択一のリドル・ストーリーが生まれた。スタンリイ・エリンの『決断の時』、クリーブランド・モフェットの『謎のカード』、五味康祐《ごみこうすけ》の『柳生連也斎』、加田伶太郎《かだれいたろう》の『女か西瓜《すいか》か』などである。

後年、ストックトンは『女か虎か』の続編として、『三日月刀の促進士』を書いているが、こちらの結末もリドル・ストーリーになっている。そのうえ、前作の謎の解答も出さないという、離れ業をやってのけた。

厳密にはリドル・ストーリーとはいえないが、事件の解決や加害者の証言が真実かどうかを読者に委ねる作品では、芥川龍之介《あくたがわりゅうのすけ》の『藪《やぶ》の中』が有名で、同様の作例に、海野十三の『三角形の恐怖』、甲賀三郎の『誰が裁いたか』、星田三平《ほしださんぺい》の『エルベチョオ』、戸田《とだ》巽《たつみ》の『ギャング牧師』、草野唯雄の『未知の犯罪領域』などがある。

あの世が舞台のミステリー

山村正夫の『霊界予告殺人』は、霊界を舞台にした異色のミステリーである。推理作家が暴走バイクにはねられて、気がついたら死後の世界にいたという設定だ。その霊界には、江戸川乱歩や横溝正史などの物故作家がそろっており、しかもコナン・ドイル、ヴァン・ダイン、アガサ・クリスティーの三人の巨匠も、ちょうど霊界探偵クラブの招待で日本にきていたが、この中の二人が不可思議な状況で殺されたので、幽霊ミステリー作家たちが犯人をつきとめるために右往左往するのである。

SFのような設定の作品だが、端正な本格ミステリーであり、有名な物故作家たちも登場するので、懐古じみた興味があっておもしろい。

いっぷう変わったところでは、香住春吾《かすみしゅんご》の短編(1)や飛鳥高《あすかたかし》の短編(2)も、幽霊探偵ものや霊界ものといえるだろう。

犯人と死体が多すぎる

本格ミステリーのルールを決めたヴァン・ダインの『探偵小説の作法二十則』には、第一二項目に、「いくつ殺人事件があっても、それらの犯人は一人であることが望ましい」

とある。もし犯人が複数いたら、推理の焦点が散漫になるからである。

ところが、ミステリーの女王アガサ・クリスティーは、このルールを完全に無視して傑作を書いている。タイトルは伏せ、以下、大まかな内容を紹介しよう。

大雪のため、山の中で列車が往生した夜、寝台車の個室で、大富豪だった老紳士が刺殺死体となって発見される。全身に、なんと一二か所もの刺し傷があったのだ。

じつは、その傷と同じ数の一二人が犯人だったというのだから驚く。その車両に乗りあわせていた客や乗務員たち一二人である。

たった一人の老人を殺すのに、なぜ一二人が一致団結して殺したのか、その動機の謎が重要なポイントになっている。犯人さがしの長編本格ミステリーの中では、おそらく犯人最多記録だろう（一二人が犯人という作例は、E・V・ノックスの短編③にもみられる）。

複数人が犯人という禁じ手は、霜月《しもつき》信《しん》二郎《じろう》の短編④、横溝正史や笹沢佐保、斎藤栄、西村京太郎の長編⑤でも使われている。

いっぽう、被害者の最多記録となると、作品の選定さえ難しくなる。

クリスティーの『そして誰もいなくなった』は、謎の人物から孤島に招待された一〇人全員が、不気味なマザーグースの童謡の筋書きどおりに一人ずつ殺される物語だが、これが最高記録である保証はない。

犯人さがしのミステリーでは、登場人物が全員殺されてしまえば犯人はすぐにわかりそうなものだが、それがなかなかわからないところに、この名作の値打ちがある。

ちなみに、国産ミステリーで被害者の数が多い作品には、坂口安吾《さかぐちあんご》の『不連続殺人事件』、横溝正史の『三つ首塔』、山村美紗の『焼えた花嫁』、西村京太郎の『十津川警部、北陸を走る』などがある。

★もれなく証拠品がついてくる

推理小説には犯罪の捜査がつきものである。犯行現場に落ちている毛髪とかタバコの吸い殻、ヘアピン、あるいは被害者が書き残したメモや遺書、容疑者の顔写真、死体現場の写真など、いろいろな捜査資料を調べて犯人をつきとめるのだが、ふつうのミステリーでは、ながながと文章だけで説明してあるので、いま一つ現実感がない。

そこで、読者にもわかりやすいよう、証拠品の現物を本につけたミステリーがある。現物といっても、もちろん模造品ではあるが、とにかく、捜査資料がナマの形で提示してあるので、読者は捜査官になったつもりで証拠物件を一つ一つ手にとって調べながら、犯人をつきとめることができるわけだ。

そして、自分の推理が正しいか、まちがっていたかは、袋とじになっている最後の解決編を切りひらいて読めば自己採点できる。

こんな便利な本が中央公論社から出ていた。『マイアミ沖殺人事件』、『マリンゼー島連続殺人事件』など〈捜査ファイル・ミステリー・シリーズ〉全四冊だ（残念ながら、絶版のため、今では古本屋で探すしかない）。

同じような趣向に、弁護士出身で、法廷ミステリーが得意な和久峻三の『雨月荘殺人事件』がある。

これは「公判調書ファイル・ミステリー」という副題どおり、起訴状や実況見分調書、証人尋問調書、供述調書、論告要旨、弁護要旨など、実際の刑事裁判で提出される調書が実物どおりにコピーされており、最後に判決文があって、おまけに別冊では、元裁判官の解説までつけてある。これぞ法廷ミステリーの究極であり、刑事裁判のシミュレーション小説である。

横書きレイアウトの『黒白の十字架』や香りがする表紙の『ラベンダーの殺人』など、本自体に奇抜なアイディアを盛り込む作品が得意な吉村達也《よしむらたつや》は、『観音信仰殺人事件』でパノラマ証拠写真を、『怪文書殺人事件』では毛筆で書かれた怪文書のレプリカを巻頭に、それぞれ添えている。

★味覚が暴く犯罪

放浪癖のある貴族が行方不明になる。自動車を運転して出かけたことはまちがいない。海岸に乗り捨てた車があり、海上に貴族の帽子が浮いており、自殺らしいと考えられた。名探偵トレントは、貴族の旅した道を逆にたどって調査をすすめ、やがて、ある宿屋で一番高いができの悪い赤ブドウ酒を飲んでいたことをつきとめる。その前日も、前々日も、やはり上等とはいえない酒を飲んでいたが、自邸を出発した翌日にかぎり、酒通でなければ気づかない最上のワインを飲んでいた。

このことから、トレントは貴族が殺されていると指摘し、最後には殺人者をみごとにつき止める。

これはE・C・ベントリーの短編⑹の要約だが、味覚というのも重要な手がかりとして使われることがあり、テレビ番組「刑事コロンボ」の『別れのワイン』、ウィリアム・ハリントンによる「刑事コロンボ」の未映像化作品『血文字の罠』では、犯人の味覚を利用して犯罪を暴く。

★犯人は見た

犯人自身が遠方から殺人の瞬間を目撃し、さらに証人までいれば、犯人のアリバイは鉄壁なものとなる。遠方から目撃するのだから、これほど完全なアリバイはない。

時間と距離の問題をいかに解決し、不可能を可能にするかが、このトリックのきもとなる。

江戸川乱歩やジョン・ディクスン・カー、笹沢佐保、内田康夫《うちだやすお》が長編(7)で、それぞれ殺人現場目撃トリックを使用しているが、各人、見せ方に工夫があっておもしろい。

このトリックを戦時中に考案していたという乱歩は、戦後に読んだカーの作品に同じトリックが別の方法で書かれていることをしり、「同趣向に共感を覚えた」と述べている。

斎藤栄も、遠方からの目撃トリックによる、すぐれた短編(8)を書いている。

★最長ミステリーは日本製

読みはじめたら、最後まで一気に読みたくなるのがミステリーである。その点、ビールとよく似ている。ビールは栓をあけたら、その場で飲みほさないと気がぬけてしまう。だから、瓶ビールにしろ、缶ビールにしろ、その容量にはおのずと限度がある。

それと同じで、長編ミステリーも、文庫本でいえば三〇〇ページ前後が手ごろの長さではなかろうか。これ以上長いと、よほど中身が充実していないと、せっかちな読者はだれてしまう。

最後の章で事件の真相をあかされても、それに至るまでのストーリーが長すぎると、読者は事件の細かいデータなど忘れてしまっている。そのため、短編こそがミステリーの本領だという説もある。

ところが、この常識を破る、とてつもなく長いミステリーがある。斎藤栄の《魔法陣》シリーズだ。これは『水の魔法陣』、『火の魔法陣』、『空《くう》の魔法陣』、『風の魔法陣』と、四部作になっているが、作者の構想では、あくまで一つの大河ミステリーとのことである。

ぜんぶを合計すると、四〇〇字づめ原稿用紙で約六〇〇〇枚、文庫本のページ数になおすと、約四〇〇〇ページもあって、世界最長のミステリーである。

このシリーズは、約半分にちぢめたダイジェスト版も出ているが、海外ミステリーの抄訳ならともかく、国産ものでダイジェスト版が出るとは、おそらく前代未聞ではなかろうか。

さらに新しいシリーズとして、『雪の魔法陣』、『月の魔法陣』、『人の魔法陣』、『天の魔法陣』、『花の魔法陣』と書きつがれ、この大河シリーズにかける作者の意気込みと自信、根気のよさと筆力のすごさには、ただ感服するのみである。

一つの作品として最長のミステリーならば、おそらく、二階堂黎人の『人狼城の恐怖』ではなかろうか。なにしろ原稿用紙四二〇〇枚以上の超大作で、完結までに足掛け四年かかっている。密室殺人が、これでもかと出てくる本格ミステリーである。

海外ドラマ『ツインピークス』を意識して書かれたという、吉村達也の『時の森殺人事件』も原稿用紙二一〇〇枚を越える大作で、筆が早いことでも知られる著者でさえ「企画から執筆完了までほぼ一年」かかったそうだ。

★透明人間のミステリー

人間の目には、水晶体というレンズがあって、それが光を屈折して映像をつくるので、ものが見えるのである。その水晶体が完全に透明だったら、光が屈折しないから、ものは見えない。

もし目が見える透明人間だったら、相手にも、その目（水晶体）だけは見えるから、透明人間であることがわかってしまう。

H・G・ウェルズが一八九七年に発表した『透明人間』は、人体を透明にする新薬を発明した男が、富と権力を握ろうと考え、姿が見えないことを悪用して人々を悩ませる話である。人間の透明願望をリアルに描いたSF的なアイディアの奇抜さとともに、疎外された人間の孤独を描いて、文学的にも高く評価されている。

この小説では目（水晶体）も透明になっているが、この点について、物理学者で名随筆家だった寺田寅彦は、次のように批評している。

「網膜も透明になれば光は吸収されない。吸収されない光のエネルギーはなんらの効果をも与えることができない。換言すれば「不可視人間」は自分自身が必然に完全な盲目でなければならない」

ウェルズの小説は一九世紀末に書かれた古典であるから、こうした揚げ足取りはヤボかもしれないが、現代の作家は、常識として、これくらいは知っておくべきだろう。

透明人間が登場するミステリーに、高木彬光の『覆面紳士』や草野唯雄の『透明願望』がある。

どちらも本物の透明人間が登場するが、後者の透明人間は水晶体が消えていない。

また、戦前に数多くのＳＦを書いた海野十三の『透明猫』には、目玉だけが光る、姿の見えない猫が出てくる。

（文中の引用は寺田寅彦「自由画稿」より）

★日本エキゾチシズムの珍本

日本人作家が海外を舞台にした作品を書いているように、海外作家の作品にも、日本を舞台にしたものが少なくない。

ロジャー・L・サイモンの『カリフォルニア・ロール』は、武士道の教典である『葉隠』を愛読する中年探偵モウゼズ・ワインが、ハイテク産業にまつわる殺人事件の謎を追って、東京へやってきて捜査する話だし、映画にもなったマイク・コーガンの『ブラック・レイン』は、ニューヨーク市警のはみだし刑事が大阪にやってきて、いまやアメリカ語にもなっている〈ヤクザ〉を相手に死闘をくりひろげるポリス・アクションである。

スパイ小説では、イアン・フレミングの『007は二度死ぬ』、ジェラール・ド・ヴィリエの『日本連合赤軍の挑戦』、ブライアン・フリーマントル『暗殺者の愛した女』などがあって、外国人がどんな目で日本を見ているか、その視点が、結構おもしろい。ところどころトンチンカンな描写が目につくのも、かえってご愛嬌《あいきょう》である。

そんな中には、とんでもない作品もある。ウィリアム・アイリッシュの短編『ヨシワラ殺人事件』だ。

朝鮮戦争のころ、アメリカの軍艦が横浜に入港したとき、一人の水平が遊郭《ゆうかく》のヨシワラへ遊びにいって、偶然、殺人事件にまきこまれる話だが、なんと最後に日本女性がハラキり自殺するのだから、いやはや、時代錯誤《アナクロニズム》もすさまじい。

サムライの切腹は世界的に有名だから、この作者はそれを物語のクライマックスに利用したのであろうが、いくら日本人だって、女性がおヘソを出して切腹するなんて、きいたことがない。

アイリッシュといえば、サスペンス・ミステリーの名作『幻の女』の作者で、日本にも多くのファンがいるが、この作品だけは好みがわかれそうだ。

その意味では、日本エキゾチシズムの珍品として、読んでみるのも一興である。

★閉ざされた環境下での犯罪

マイカーや旅客機など交通機関の発達で、二〇世紀も後半となると、ミステリーの犯罪はますます広域化していったが、反対に、外部から完全に隔絶された閉鎖的な環境の中で殺人事件がおきるパターンもある。

たとえば、大雪などで道路が不通になり、電話線も切断されて、陸の孤島になった小さいホテルや別荘、あるいは、大海を航行中の客船で殺人事件がおきるのだ。

この場合、犯人自身も逃げ出す事ができないので、そこに閉じこめられた人たちは、みんな疑心暗鬼《ぎしんあんき》になって、だれが犯人なのか、まわりを見まわして、腹をさぐり合うのである。

しかも、当分は警察の捜査も当てにできないのだから、不安と恐怖はつのる一方である。限られた場所で、限られた登場人物の中から、犯人をつきとめるのだから、本格ミステリーの設定として、これほどフェアな条件はないわけだ。

閉鎖的環境の分類と主な作品を、いくつか紹介しよう。

①　大雪で閉ざされた山荘……西村京太郎の『殺しの双曲線』、アガサ・クリスティーの戯曲『ねずみとり』

②　山火事で孤立した一軒家……エラリー・クイーンの『シャム双生児の秘密』

③　飛行中の旅客機……アガサ・クリスティーの『雲をつかむ死』

④　長距離を移動する列車内……アガサ・クリスティーの『オリエント急行の殺人』、西村京太郎の『豪華特急トワイライト殺人事件』、吉村達也の『トワイライトエクスプレスの惨劇』

⑤　走行中の長距離バス……有馬頼義《ありまよりちか》の『三十六人の乗客』

⑥　大雨で孤立した村……井上《いのうえ》ひさしの『四捨五入殺人事件』

⑦　北極圏の一軒家……ポーラ・ゴズリングの『ゼロの罠』

特に多いのは、航行中の客船を舞台にした作品で、ルーファス・キングの『緯度殺人事件』、ジョン・ディクスン・カーの『盲目の理髪師』、マリオン・マナリングの『殺人混成曲』、パット・マガーの『目撃者を捜せ！』、夏樹静子の『そして誰かいなくなった』、内田康夫の『貴賓室の怪人「飛鳥」編』、テレビ番組「刑事コロンボ」の『歌声の消えた海』など、主要タイトルだけでも挙げきれない。

このパターンの作品は、場所が一か所に限定されるので、よほど小説技法や映像表現がうまくないと、ストーリーが単調になるので書き手のセンスが問われる。

★嘲笑う悪人、敗れる探偵

推理小説の醍醐味は、最後の最後に犯人の巧妙なトリックと事件の真相を探偵が暴いて悪を断罪し、事件の謎が解き明かされる点にあると言ってもいいだろう。

しかし、事件の謎を解き明かしながら、真犯人や暗躍する悪人が逃げおおせ、探偵に歯がゆい思いをさせる作品も多々ある。

和久峻三の『赤かぶ検事辞任す』や西村京太郎の『祭りの果て、郡上八幡』、『岐阜羽島駅25時』では、悪人が社会的地位を持っているため、刑事や検事の追求から逃げおおせて終わる。

海外ミステリーでは、エドワード・フィリップス・オップンハイムの『赤い脳髄《のうずい》』が、この趣向の元祖だろうか。

高木彬光の『呪縛の家』では、名探偵・神津恭介さえも手玉にとる、法で裁けない陰の真犯人が存在する。

探偵や警察を出し抜き、完全犯罪をなしとげた悪人のモノローグとして、犯罪者の勝利という結果をふまえて書かれているのが、イーデン・フィルポッツの『極悪人の肖像』である。

★読まれない「名作」あれこれ

文学史に残る名作には、その評価だけが高くて、案外、読まれていない作品がある。たとえば、紫式部《むらさきしきぶ》の『源氏物語』、ダンテの『神曲』、ゲーテの『ファウスト』、中国の長編小説『西遊記』、説話集『千夜一夜物語』を最後まで読み通した人は、専門の研究者のほかに、はたして何人いるだろうか。

それと同じように、国産ミステリーにも読まれざる名作がある。小栗虫太郎《おぐりむしたろう》の『黒死館殺人事件』と夢野久作《ゆめのきゅうさく》の『ドグラ・マグラ』である。書評によると、前者は〈ペダンチックな絢爛《けんらん》たる抽象論理の世界を構築した傑作〉とあり、後者は〈超論理的な幻魔怪奇に彩られた日本探偵小説界の最高峰〉とあって、どのベストテンでも、つねに上位にランクされている。

しかし、正直いって、普通の頭脳の読者なら、とてもじゃないが歯が立たず、あまりの怪論奇論に退屈して、途中で投げ出したくなるだろう。

ものは試し、未読の方は、このグロテスクな奇書に挑戦してみてはどうだろう。読破できたら、ご立派です。

また、探偵作家が書いた犯罪実話として知られる、甲賀三郎《こうがさぶろう》の『支倉《はぜくら》事件』と山本禾太《やまもとのぎた》郎《ろう》の『小笛《こぶえ》事件』も、現在では読まれていない名作といえるだろう。

★童謡は殺しのメロディー

ヴァン・ダインの『僧正殺人事件』、アガサ・クリスティーの『そして誰もいなくなった』、横溝正史の『悪魔の手毬唄』。この三つの名作に共通するもの、それは〈わらべ歌〉である。

〽駒鳥《クック・ロビン》を殺したのはだぁれ
「わたしだわ」と雀がいった
「わたしが弓矢で駒鳥を殺したの」

これはイギリスの有名な童謡集『マザーグース』にある歌の一つだ。この歌詞どおりに、クック・ロビンという男が弓矢で殺されて、容疑者の一人に〈雀〉と呼ばれる男がいた。

そして、さらに次の殺人も、二番の歌詞のとおりにおこるのである。

まさに悪魔のいたずらとしか思えない童謡殺人。いったい、犯人はなんの目的で、わらべ歌にこだわって、こんな狂気じみた連続殺人をおこなうのか。これが『僧正殺人事件』の謎である。

アガサ・クリスティーの『そして誰もいなくなった』も、同じ『マザーグース』にある〈十人のインディアンの少年〉という子守歌のとおりに、一〇人の登場人物が一人ずつ消されていく物語である。

横溝正史の『悪魔の手毬唄』では、ある村に古くから伝われる不気味な手毬唄にあわせて、三人の娘が殺される。

血なまぐさい殺人事件と、子供が無心に歌う童謡。この二つはまったく異質なものに思えるが、よく考えてみると、わらべ歌やおとぎ話には、意外と残酷な歌詞のものが多い。

はじめに紹介した〈だれが駒鳥を殺したか?〉は、まぎれもなく殺しの歌だし、〈十人のインディアンの少年〉は一〇人の子供たちがつぎつぎに消えていく不気味な数え歌だ。

このように無邪気な童謡の底にひそむ残忍さを暗示しつつ、二番三番の歌詞で、つぎの殺人を予告して、スリルとサスペンスをもりあげるのが童謡ミステリーなのだ。

ほかにも、エラリー・クイーンの『ダブル・ダブル』に同様の趣向がみられる。

★新素材で大変身

ファッション業界のはやりすたりは早く、デザインだけでなく、新素材の開発も日進月歩の早さだ。

斎藤栄の長編[9]では、温感変色衣料という、超微粒子のマイクロカプセルを含んだ特殊な樹脂コーティングがされたウェットスーツ姿で雪の中にもぐり、服の色を変えて目撃者をごまかすトリックが使われ、新素材をいちはやく活用していた。

マイクロカプセルを繊維に塗り込み、スキーウェアの色を変えるトリックもある。加納《かのう》一朗《いちろう》の短編[10]より。

★あなたは犬派か、猫派か

犬が好きか、猫が好きかで、その人の性格を判断することがある。ミステリーでいえば、赤川次郎の《三毛猫ホームズ》シリーズの愛読者か、辻真先の《迷犬ルパン》シリーズのファンかにわかれるだろう。

三毛猫ホームズも、迷犬ルパンも、それぞれ人間顔負けの直感力を発揮して事件解決のヒントをつかみ、飼い主のドジな刑事に手柄を立てさせるところは、まったく同工異曲である。

猫派だが、三毛猫ホームズはあまりに擬人化しすぎて好きではないという人には、猫探偵・正太郎シリーズと《シャム猫ココ》シリーズをおすすめする。

前者は、横溝正史賞受賞作家・柴田《しばた》よしきの『ゆきの山荘の惨劇』に初登場する、雑種のオス猫。女流作家に飼われており、仲間の猫や犬と一緒に事件を解決する。ライトながら、ミステリーとしての完成度も低くなく、正太郎の猫らしさも楽しめるシリーズである。

後者は、アメリカの女流作家リリアン・J・ブラウンの『猫は殺しをかぎつける』、『猫は手がかりを読む』などに登場する猫である。

猫独特のふしぎな超能力で、飼い主の事件記者に手柄を立てさせるところは三毛猫ホームズと同じだが、こちらは飼い主とのコミュニケーションがほほ笑ましく描いてあって、愛猫家には、絶対、見逃せない好シリーズである。

いっぽう、迷犬ルパンの超人ぶりが苦手な犬派には、元警察犬のマサをおすすめしたい。直木賞作家・宮部《みやべ》みゆきの『パーフェクト・ブルー』と短編集『心とろかすような マサの事件簿』に登場するが、犬の目線だからこその推理が、元警察犬という設定とうまく結びついている。自分の意思を伝えられず、もどかしい思いをするマサの人間臭さも、なかなか面白い。

犬も猫も好きという人には、本岡類《もとおかるい》の『犬派猫派殺人事件』をおすすめする。これは犬好き刑事と猫好き刑事がコンビを組んで、たがいに犬と猫の長所短所をカンカンガクガク口論しあいながら、犬や猫がからむ怪事件をめでたく解決するユーモア・ミステリーだ。犬派と猫派の愛読者をねらった一石二鳥のアイディアである。

さらにもう一点、異色なのが斎藤栄の『犬猫《けんびょう》先生探偵記』や『犬猫先生のUFO推理』などに登場する大苗吾郎《おおなえごろう》先生である。

この先生は私立高校の教師だが、なんと犬語や猫語がわかる特技の持ち主だ。先祖が生類憐《しょうるいあわれ》みの令で有名な徳川五代将軍・綱吉の時代に犬医者をしていて、『犬猫語総覧』を書き残したので、彼はその古文書を研究して、犬猫語をマスターしたのである。

こんな特技があれば、まさに鬼に金棒だ。野良犬や野良猫まで自由にあやつって捜査ができるし、もし犯行現場に被害者の飼い犬か猫がいたら、そのペットから犯人のことを聞き出せるのだから、どんな難事件でも、たちどころに解決できるわけだ。

教え子の姉が鐘楼から転落死した事件を解き明かす『犬猫先生と金田一探偵』では、名探偵・金田一耕助と共演している。

★……タバコとミステリー

タバコの煙をふかして、しばし沈思黙考して、推理にふける名探偵。

こうした探偵像が推理小説のムードにぴったりだった時代もあったが、いたるところで喫煙が制限されている現在、タバコを愛用する探偵も、めっきり少なくなった。

古き良き時代を懐古するわけではないが、かつてはタバコやパイプが重要な手がかりとなって、完全犯罪があばかれる作品が、たくさん書かれていた。

その代表作に、コナン・ドイルの『バスカヴィル家の犬』、リチャード・オースティン・フリーマンの『オスカー・ブロズキー事件』、高木彬光の『紫の恐怖』や『第四の脅迫』、テレビ番組「新・刑事コロンボ」の『犯罪警報』などがあり、大下宇陀児《おおしたうだる》の『金色の巻煙草』も、タバコが少年の意外な正体を暴く手がかりになっている。

国産の紙巻きタバコは、製造責任を明確にするため、製造ナンバーが印刷されている。タバコの製造ナンバーをトリックに使った作品には、宿毛川健《すくもがわたけし》の短編[11]や石沢英太郎《いしざわえいたろう》の短編[12]、斎藤栄の長編[13]がある。

トリックではないが、アーサー・ポージスの短編『画家と殺し屋』には、くわえタバコの殺し屋にラッカーのスプレーを吹きかけて撃退する、奇抜なアイディアがみられる。

★将棋とミステリー

推理小説マニアには、将棋の好きな人が意外と多い。敵の王将の逃げ道をすべてふさいで王手をかける瞬間が、ミステリーの最後の章で、名探偵がずばり真犯人を指摘する場面と似ているからであろう。ひらめきと理づめの推理がもたらす勝利の快感である。

将棋ミステリーの第一人者は、『殺人の棋譜』で第12回江戸川乱歩賞を受賞した斎藤栄である。この受賞作は、題名どおり将棋がテーマになっている。最高段位で名人と対局する棋士が、愛児を誘拐されて動揺する場面からはじまるのだ。作者の斎藤栄は六段の免状をもらっているほどの実力者である。

ほかにも、『王将殺人』、『神と悪魔の王手』、『洞爺・王将殺人旅行』など、たくさんの将棋ミステリーを書いている。

とくに異色なのは、賞金かせぎのギャンブラー棋士・大徳寺英五郎が登場する短編シリーズである。賭《か》け将棋の好敵手をもとめて日本全国を渡り歩く先々で、将棋にまつわる怪事件の謎をとくのである。

横溝正史の捕物帳『双葉将棋』では、将棋の譜面が暗号になっており、高木彬光の『ある天才』や『棋神の敗れた日』は将棋の必勝法をトリックにしている。甲賀三郎の

『悪戯《いたずら》』では、将棋における競争心理が悲劇の原因となった。

ほかにめぼしい将棋のミステリーには、岡沢孝雄《おかざわたかお》の『四桂』、山村正夫の短編集『振飛車殺人事件』、本岡類の『飛車角歩殺人事件』、内田康夫の『王将たちの謝肉祭』、亜木冬彦《あぎふゆひこ》の『殺人の駒音』、竹本健治《たけもとけんじ》の『将棋殺人事件』などがある。

将棋とくらべて、囲碁のほうが、その理づめな思考ではミステリーに近いものがあるのに、人気の点であまり大衆性がないせいか、ミステリーでも作品の数はぐっと少なくなる。長編では、竹本健治の『囲碁殺人事件』、斎藤栄の『黒白の奇蹟』、内田康夫の『本因坊殺人事件』がある程度だし、短編では、蘇部健一《そぶけんいち》の『読めない譜面』が高度な一色碁（同じ色の碁石だけを打って並べる対局方法）をアリバイ崩しに利用しているくらいであろう。

ともあれ、この種のミステリーは、将棋や囲碁を知らない人には、いくら作中でルールが説明してあってもチンプンカンプンなので、まずは基本的なルールを覚える必要がある。

★写真とミステリー

写真は真を写すと書くが、必ずしも写真は真実を写すものではない。

多重露光撮影やフィルムの裏焼きなど、いくらでも細工の余地がある。デジタルカメラが主流となった現在では、コンピューターをつかえば、フィルムカメラ時代には考えられないトリック写真を作り出すことができる。

かつて、推理小説における、時刻表と並ぶアリバイ工作の定番アイテムといえば写真だった。

鮎川哲也の『風の証言』、土屋隆夫の『影の告発』、松本清張の『時間の習俗』、二階堂黎人の『風邪《かぜ》の証言』など、写真によるアリバイ工作がトリックになっている作品は多い。

太陽光による影も写真のトリックを見破る重要な要因であり、クリストファー・ランドンの長編[14]では被写体の影から撮影現場を特定し、コール夫妻の短編[15]は光と影の具合から撮影日の虚偽をみやぶる。

高木彬光の短編[16]には同じフィルムに被写体を二回撮ることで心霊現象を演出する撮影トリックが使われており、大谷羊太郎の短編[17]ではシャッタースピードと被写体の動く速度の差が不思議な写真をつくりだしている。

テレビ番組「新・刑事コロンボ」の『影なき殺人者』では、スピード違反の証拠写真という、法で保証されたアリバイトリックが使われた。

ほかにも、事件の展開に写真が影響してくる作品として、横溝正史の『女王蜂』、草野唯雄の『人みな欲望をもつ』、加納一朗の『はなやかな追跡者』、西村京太郎の『謎の組写真』や『金沢歴史の殺人』、テレビ番組「刑事コロンボ」の『逆転の構図』などがある。

★……エレベーターとミステリー

高層ビルに設置されているエレベーターは、上下に動く密室として、不可能犯罪の舞台にはあつらえ向きのように思われるが、気密性があまりに厳重で小細工をする余地がないせいか、エレベーターを利用したトリックは意外に少ない。

代表作を挙げるなら、一九三二年に発表されたロジャー・スカーレットの『エンジェル家の殺人』だろう。この作品は、作者の了解を得たうえで、江戸川乱歩が『三角館の恐怖』として翻案している。

このほかには、カーター・ディクスンとジョン・ロードの合作『エレヴェーター殺人事件』、ノエル・カレフの『死刑台のエレベーター』、ウィリアム・クローンの『サタヌス博士の不可能殺人』、青鷺幽鬼の『昇降機《エレベーター》殺人事件』、日下《くさか》圭介《けいすけ》の『密室20秒の罠』、西澤保《にしざわやす》彦《ひこ》の『解体諸因』があるくらいだが、トリックの点でいえば、『エンジェル家の殺人』を上回る作品は出現していない。

コリン・ウィルコックスとビル・プロンジーニの合作長編[18]では、配電盤に水をかけて停電させ、エレベーターを非常停止して閉じ込めた犯人を逮捕する。

部屋がエレベーター仕掛けになっており、密室内から人が消えたように見せかけるトリックが、スーヴェストル&アランの《ファントマ》シリーズの長編、江戸川乱歩や横溝正史の長編[19]にあり、ロバート・ウィントンの短編[20]では、同じくエレベーターがらみで、部屋を移動させ墜落死させる。

このほか、松本泰《まつもとたい》の『昇降機殺人事件』では、エレベーター内で発見された死体が消失する謎がえがかれ、和久峻三の『死のハイテクビル・パニック』には、コンピューター制御されたエレベーターが遠隔操作で支配される緊迫した場面がみられる。

テレビ番組「刑事コロンボ」の『秒読みの殺人』は、エレベーターの天井をピストルの隠し場所にしているが、エレベーター自体がトリックに使われるわけではない。

★誘拐ミステリー傑作選

意欲的なミステリー作家なら、ぜひ一度は書いてみたいテーマが二つある。密室殺人と誘拐だ。前者は不可能犯罪であり、後者は予告犯罪である。

無防備の人質を誘拐するのは簡単だが、むずかしいのは、その後である。犯人は身代金の受け取り場所と日時を前もって指定して、そこへ姿をあらわさなければならないのだから、たいへんな危険をおかすわけだ。

張りこんでいる刑事たちの裏をかいて、どうやって身代金を奪い取るか、そこに誘拐事件のクライマックスがある。

誘拐ミステリーの代表作には、ウィリアム・P・マッギヴァーンの『ファイル7』、エド・マクベインの『キングの身代金』、ジェームズ・ハドリー・チェイスの『ある晴れた朝、突然に』、高木彬光の『誘拐』、斎藤栄の『殺人の棋譜』、草野唯雄の『さらば空港《エアポート》』、西村京太郎の『消えた巨人軍《ジャイアンツ》』、天藤真の『大誘拐』、岡嶋二人の『どんなに上手に隠れても』、法月綸太郎の『一の悲劇』などがある。

誘拐の手口そのものが奇想天外な物語ならば、岡嶋二人の『99％の誘拐』だろう。パソコンの好きな中学生が東京駅で誘拐されて、伊豆半島の別荘に監禁されるのだが、その時刻、誘拐犯人は、なんとカナダにいたのである。だから、これほど確実なアリバイはないわけだが、では、太平洋をへだてて、犯人はどうやってこの少年を誘拐することができたのか？

そのトリックを一口で説明するのはあまりに複雑なので、ここでは文庫本の帯に書かれた宣伝文を紹介しよう。

〈通信衛星、パソコンネットワーク、合成音声……。ハイテクを駆使する犯人が狙うのは10億円の身代金〉

エレクトロニクスに弱い当時の読者は、このトリックの高度な技術にただただ驚愕するのみで、手も足も出なかったであろう。

やっぱり、ミステリーのトリックは手づくりの味がいいと思うのだが、そんな考え方は時代おくれであろうか。

このような奇想天外なハイテクトリックではなく、総理大臣への電話一本で日本国民全員の誘拐を成立させた、スケールの大きな作品が、西村京太郎の『華麗なる誘拐』である。なぜ、電話をかけただけで誘拐が成立するのか。その論理と手段は、ぜひ、原作を読んでいただきたい。

★脱獄ミステリー傑作選

刑務所の監房は一種の密室であるから、そこからの脱獄はミステリー作家の意欲をそそるテーマのはずだが、意外と脱獄ミステリーは少ない。

その理由は、刑務所の警戒があまりに厳重なので、看守を買収するか、人質をとって強行突破するか、外部の手引きがないかぎり、脱獄は不可能であるからだ。映画ならおもしろいが、推理小説には不向きなのである。

数少ない脱獄ミステリーの中で、いちばん有名なのがジャック・フットレルの短編『十三号独房の問題』である。

〈思考機械《シンキング・マシン》〉と呼ばれる名探偵が、自分の頭脳の優秀さを証明するため、みずから刑務所の独房に入り、予告どおり脱獄するのである。

じつは、その独房にネズミの穴があって、それが刑務所の外の排水溝へ通じていたので、ネズミの足に長い糸をつけて放し、外部との連絡に成功して応援をもとめたのだ。ちょっとご都合主義なトリックだが、脱獄ミステリーの古典的な名作になっている。

脱獄もののサスペンス小説に、ジャック・フィニィの『完全脱獄』と、フランスの作家ジョゼ・ジョバンニの『穴』がある。

前者は世界三大刑務所の一つ、サン・クエンティン刑務所から脱獄するもので、後者はパリのラ・サンテ刑務所からの脱走である。ジョゼ・ジョバンニはギャングの出身で、出獄後、暗黒街のミステリーを書きはじめた異色の作家である。

モーリス・ルブランの『アルセーヌ・ルパンの脱獄』は、客船プロバンス号で逮捕されたアルセーヌ・ルパンが、巧妙な変装で予告どおりにラ・サンテ刑務所から脱獄する話だが、薬品や演技による科学的な変装術がおもしろい。

このほか、『813』と『虎の牙』でもラ・サンテ刑務所に収監されるが、いずれも超法規的措置によって出獄している。

★考古学ミステリー傑作選

ピラミッドのような古墳や遺跡からの出土品は、金銀宝石よりも希少価値と歴史価値があるので、それをめぐる犯罪は、推理小説にとって絶好のテーマとなる。ヴァン・ダインの『カブト虫殺人事件』は、古代エジプト学の博識で読者を圧倒する古典的な名作である。

また、古墳を盗掘する大がかりな冒険ミステリーに、ジョン・ラングの『ファラオ発掘』がある。

アガサ・クリスティーも、『ナイルに死す』、『メソポタミヤの殺人』、『死との約束』など、中近東の遺跡発掘を舞台にした作品をたくさん書いている。

彼女は再婚した夫が考古学者だったので、たびたび発掘に加わった経験があるからだ。

日本でも、高松塚古墳や藤ノ木古墳、吉野ケ里遺跡などがあいついで発掘されて、センセーショナルな話題をよぶたびに考古学ブームがおこった。

それに便乗したのか、ミステリー界でも、考古学をテーマにした作品が多くなった。めぼしい作品を挙げると、島田一男の『古墳殺人事件』、松本清張の『陸行水行』、高木彬光の『邪馬台国の秘密』、阿井渉介《あいしょうすけ》の『卑弥呼殺人事件』、斎藤栄の『邪馬台国殺人旅情』、邦光史郎《くにみつしろう》の『幻の高松塚』、黒川博行《くろかわひろゆき》の『八号古墳に消えて』、西村京太郎の『明日香・幻想の殺人』などがあるから、考古学に興味があれば、ぜひご一読を。

★江戸の捕物帳傑作選

わが国特有のミステリーに捕物帳《とりものちょう》がある。おもに江戸時代を舞台にした推理小説で、短編形式のものが多い。

なにしろ指紋や血液型の鑑定など科学捜査のない時代であるから、トリックの面ではもの足りない感じはするが、事件の背景になっている江戸庶民の風俗や習慣に日本人としての郷愁とロマンをそそられて、読んで楽しいミステリーである。

数ある捕物帳のなかから、ぜひ読んでいただきたいベスト5を選んでみた。

①『半七捕物帳』岡本綺堂《おかもときどう》

大正六年に発表された最初の捕物帳で、文学的にも評判の高い名作である。ベテランの岡っ引き、三河町の半七親分が江戸の風物詩を背景に難事件の謎をとく。

主な単行本は、『半七捕物帳』(光文社文庫、全六巻)、『半七捕物帳初出版集成』(三人社、全三巻)。

②『銭形平次捕物帳』野村胡堂《のむらこどう》

数ある捕物帳のなかでも、もっとも人気が高く、しかも四〇〇編近い超大作シリーズである。人情に厚い平次親分と、あわて者の子分のガラッ八のコンビが楽しい。

テレビドラマとちがい、原作では、ほとんど投げ銭をしない。

古い本になるが、『銭形平次捕物帳全集』（河出書房、全二六巻）に、ほぼ全ての作品が収録されている。

③『人形佐七捕物帳』横溝正史

五月人形のモデルになったほどのハンサムな岡っ引き、お玉が池の佐七親分が推理のさえをみせる。退廃的な江戸の浮世草紙ムードがいっぱいの本格ミステリーである。

シリーズは全一八〇作あり、さまざまな単行本に分散して収録されていたが、二〇一九年より、シリーズ全作品を初出発表順に収録した『完本　人形佐七捕物帳』（春陽堂書店、全一〇巻予定）の刊行がはじまった。

④『顎《あご》十郎捕物帳』久生《ひさお》十蘭《じゅうらん》

北町奉行の同心で、本名は仙波《せんば》阿古《あこ》十郎《じゅうろう》。顎が長く、いつも昼寝ばかりしている怠け者だが、いざ事件発生となれば、天才的な推理力を発揮する。トリックの奇抜さでは一級の作品である。

全二四話書かれた顎十郎の活躍は、『定本　久生十蘭全集』第二巻（国書刊行会）で、読むことができる。

⑤『なめくじ長屋捕物さわぎ』都筑道夫

大道芸人の砂絵かきのセンセーを中心に、なめくじ長屋に住むアウトローたちがチームを組んで捜査する。論理と逆説で謎を解く異色ミステリーの江戸版である。
ほぼ全ての作品は、『なめくじ長屋捕物さわぎ』（光文社文庫、全六巻）にまとめられ、単行本未収録作品は『ほりだし砂絵』（盛林堂ミステリアス文庫）に収録された。

昭和二四年に「捕物作家クラブ」が設立され、初代会長には野村胡堂が就任した。アンソロジーを編んだり、文士劇を上演したり、積極的なクラブ活動をおこなっていたが、内紛によってクラブは解散、日本作家クラブとして再スタートすることになった。

昭和二六年から一〇年近く『京都新聞』に定期連載された〈黒門町の伝七捕物帳〉は同クラブの企画によるもので、所属作家が同一主人公を共有する形で全二三五作書かれている。のちに伝七は陣手《じんで》達郎《たつろう》のシリーズキャラクターとなり、陣手によって書き継がれた。

先に挙げたベスト5からはもれたが、泡坂妻夫の〈宝引《ほうびき》の辰《たつ》捕者帳〉、大江勇《おおえいさむ》の〈目明かし忠太〉、九鬼澹《くきたん》の〈稲妻左近捕物帳〉、佐々木味津三《ささきみつぞう》の〈右門捕物帳〉、島田一男の〈御朱印《ごしゅいん》銀次捕物帳〉、島本春雄の〈振袖小姓《ふりそでこしょう》捕物控〉、城昌幸《じょうまさゆき》の〈若さま侍捕物手帖〉、高木彬光の〈千両文七捕物帳〉、多岐川恭《たきがわきょう》の〈ゆっくり雨太郎《うたろう》捕物控〉、角田喜久雄の〈いろはの左近捕物日誌〉、永瀬三吾《ながせさんご》の〈鯉登《こいと》姐さん〉、納言恭平《なごんきょうへい》の〈七之助《しちのすけ》捕物帖〉、並《なみ》木行夫《きゆきお》の〈たぬきや団七捕物夜話〉、林不忘《はやしふぼう》の〈釘抜藤吉《くぎぬきとうきち》捕物覚書〉、久山秀子《ひさやまひでこ》の〈梅由《うめのよし》兵衛《べえ》捕物噺〉、水谷準《みずたにじゅん》の〈瓢庵《ひょうあん》先生捕物帖〉、矢桐重八《やぎりじゅうはち》の〈花川戸の与三郎〉、横溝正史の

〈不知火《しらぬい》捕物双紙〉も、作品量や内容が充実して読みごたえがあり、おすすめである。

【参考資料】ＷＥＢサイト「襟裳屋」(http://park12.wakwak.com/~elmore/)

★

〈黒〉の推理小説

黒という字には秘密めいたムードがあるので、推理小説のタイトルには〈黒〉の字がついた作品が多く、とくに好んで題名に使う作家が松本清張とコーネル・ウールリッチ(別名ウィリアム・アイリッシュ)である。

松本清張には、『黒い画集』、『黒の様式』、『黒い福音』、『黒地の絵』、『黒い樹海』、『日本の黒い霧』、『(随筆)黒い手帳』、『黒の回廊』、『黒革の手帖』など。

コーネル・ウールリッチには、『黒いカーテン』、『黒い天使』、『黒衣の花嫁』、『黒いアリバイ』があり、そのほか『恐怖の冥路』と『喪服のランデブー』には、原題に〈黒《ブラック》〉という字がついている。

黒と対照的な色に白がある。この二つの字を組み合わせたタイトルの作品もよく目につく。黒白という言葉には、たとえば「あいつはクロだ」とか、「いや、シロだ」というように、犯罪捜査用語になっているからだろう。

(1) 香住春吾『尾行』(論創社『香住春吾探偵小説選Ⅰ』所収)

(2) 飛鳥高『加多英二の死』(論創社『飛鳥高探偵小説選Ⅳ』所収)

(3) E・V・ノックス『薮《やぶ》をつつく』(『別冊宝石』七九号［一九五八年九月発行］に翻訳掲載)

(4) 霜月信二郎『密室のショパン』(講談社文庫『密室探求　第二集』採録)

(5) 横溝正史『獄門島』(出版芸術社『横溝正史自選集2　獄門島』)
笹沢佐保『霧に溶ける』(光文社文庫『霧に溶ける』)
斎藤栄『タロット日美子の秘密客車《アルカディア》』(徳間文庫『タロット日美子の秘密客車《アルカディア》』)
西村京太郎『十津川警部　特急「雷鳥」蘇る殺意』(徳間文庫『十津川警部　特急「雷鳥」蘇る殺意』)

(6) E・C・ベントリー『隠遁貴族』(国書刊行会『トレント乗り出す』所収)

(7) 江戸川乱歩『偉大なる夢』(春陽文庫『偉大なる夢』)、『月と手袋』(春陽文庫『月と手袋』)、『化人幻戯』(春陽文庫『化人幻戯』)
ジョン・ディクスン・カー『皇帝のかぎ煙草入れ』(創元推理文庫『皇帝のかぎ煙草入れ』)
笹沢佐保『空白の起点』(日文文庫『空白の起点』)
内田康夫『熊野古道殺人事件』(角川文庫『熊野古道殺人事件』)

(8) 斎藤栄『梵鐘の犯罪』(徳間文庫『赤富士殺人事件』所収)

(9) 斎藤栄『雪の魔法陣』(集英社文庫『雪の魔法陣』)

(10) 加納一朗『ペンションドリーム殺人事件』(学研『ミステリーに挑戦!?　名探偵推理ブック』所収)

(11) 宿毛川健『特別人事委員会』(『推理』一九七二年一二月増刊号掲載)

（12）石沢英太郎『0123』（徳間文庫『五島・福江行』所収）

（13）斎藤栄『津軽海峡の愛と殺人』（中公文庫『津軽海峡の愛と殺人』）

（14）クリストファー・ランドン『日時計』（創元推理文庫『日時計』）

（15）コール夫妻『消えた准男爵』（論創社『ウィルソン警視の休日』所収）

（16）高木彬光『幽霊の顔』（春陽文庫『妖婦の宿』所収）

（17）大谷羊太郎『幽霊は二度現れた』（ソノラマ文庫『呪われた顔』採録）

（18）コリン・ウィルコックス&ビル・プロンジーニ『依頼人は三度襲われる』（文春文庫『依頼人は三度襲われる』）

（19）スーヴェストル&アラン『ファントマ対ジューヴ警部』（ハヤカワ文庫『ファントマ対ジューヴ警部』）

江戸川乱歩『黄金仮面』、（集英社文庫『明智小五郎事件簿 6 黄金仮面』）、『魔法博士』（ポプラ文庫『少年探偵15 魔法博士』）、『夜光人間』（ポプラ文庫『少年探偵19 夜光人間』）

横溝正史『金色の魔術師』（ポプラポケット文庫『名探偵金田一耕助3 金色の魔術師』）

（20）ロバート・ウィントン『二つの部屋』（博文館『世界探偵小説全集6 ヒューム集』所収）

第四章

古今東西トリック研究

難事件に謎に挑戦せよ

時計のトリック

海外のミステリーとくらべて、わが国の推理小説には、アリバイくずしの作品が圧倒的に多い。さすがは時計の生産量が世界一のお国柄《がら》である。なぜなら、時計はアリバイ工作に欠かせない必需品であるからだ。

時間をはかるための器機なので、アリバイ工作に使われることが多いが、角田喜久雄の長編(1)や蘭郁二郎《らんいくじろう》の短編(2)では殺人装置として、ジョン・ディクスン・カーの長編(3)や横溝正史の短編(4)では凶器に利用されている。

アリバイ工作や凶器として使われる時計のトリックを、いくつか紹介しよう。

【腕時計】

相手が腕時計をはずして洗顔している間に、犯人は三時間に三〇分すすむように調節しておいた腕時計と取りかえる、もちろん、外見はそっくり同じ時計である。

三時間後、また相手が腕時計をはずしたすきに、犯人はすばやく元の腕時計と取りかえる。

こうすれば、正味三時間しかたっていないのに相手は三時間半たったと思いこむので、その空白の三〇分間を利用して、犯人はアリバイ工作をする。斎藤栄の短編(5)より。

犯行時刻をごまかすために、被害者の腕時計の針をすすませるか、おくらせてから、ふたのガラスをたたきこわして針を止めておくのは、撲殺事件では、よく使われるトリックである。

この場合、その時計を死体の手首に逆さまにはめないことが肝心だ。アナログ式の腕時計は文字盤の12の数字が小指の端にくるのが正しいが、うっかり逆にはめると、偽装工作がすぐばれる。単純なことのようだが、案外、見落としがちな盲点である。

【目ざまし時計】

むかしのゼンマイ式の目ざまし時計は、ベルが鳴ると、ゼンマイがゆるむまでネジの鍵が回転する。その鍵に長いひもを結び、もう一方の先を固定したピストルの引金にくくっておく。

やがてベルが鳴りだすと、回転する鍵にひもが巻きつくので引金が引っぱられ、ピストルの弾が発射する。その発射時刻に、犯人は別の場所にいてアリバイを作っておけばよい。

ミニヨン・G・エバハートの短編(6)より。

ただし、現在の目ざまし時計は、ほとんど乾電池式になっているので、こうしたトリックはもはや通用しない。

J・S・フレッチャーの短編(7)では、テロリストが目ざまし時計で時限爆弾をつくるが、最後に自爆してしまう。

西村京太郎の『夜行列車《ミッドナイト・トレイン》殺人事件』には、爆弾の時限装置となっている目ざまし時計を、十津川《とつがわ》警部がシェービングクリームを使って止めるシーンがある。

【砂時計】

鮎川哲也の短編⑻では、砂時計がダイイング・メッセージに使われている。被害者は死ぬまぎわに、犯人の手がかりとして、砂時計を手ににぎって死んでいたのだ。では、それで、なにを暗示しようとしたのか？

砂時計は上下の区別がないので、上から読んでも、下から読んでも、同じ名前の人物が犯人だったというわけだ。たとえば、ミナミ（南）とか、イシイ（石井）とかである。

砂時計には、もう一つ特徴がある。それは時間の進行を自由に止められることだ。たとえば六分間用の砂時計で、上の砂が半分くらい下へ落ちたとき、横に倒して、死体のそばに置いておく。

そして、一時間後に第三者といっしょに死体を発見したふりをして、すばやく砂時計を立てると、また砂が下へ落ちはじめるから、被害者はほんの三分ぐらい前に殺されたように思われて、犯行時間をごまかすことができる。

短編ミステリーの名手、エドワード・D・ホックの短編⑼では、もっと奇抜なトリックが使われている。

一時間後に爆発する時限爆弾をしかけた犯人が、一時間用の砂時計でタイムをはかるが、砂がぜんぶ下に落ちても時限爆弾が爆発しないので、不発かと思って調べに行ったとたんに爆発して、犯人は死ぬ。時限爆弾は正常だったのに、どうして爆発するのが一、二分おくれたのだろうか？

砂時計を大きなロウソクの火のそばに置いたのが失敗だったのだ。その炎の熱で、砂時計のガラスが暖まって膨張したので、砂が早く落下したのである。

高木彬光の『わが一高時代の犯罪』でも、砂時計は重要な役割をしているが、奇妙なことに、作中では、砂時計の砂が落ちる音が聞えたと書いてある。砂時計の砂はガラス容器の中に密封されているので、砂の流れ落ちる音が聞えるはずはないのだ。

【電気時計】

わが国の電流は、太平洋側の富士川、日本海側の糸魚川を境にして、ヘルツ（周波数）がちがう。東日本は50ヘルツ、西日本は60ヘルツになっている。

ヘルツのちがいは、明るさや熱量には関係ないが、モーターのある電気器具は、東日本で使っていたものをそのまま西日本で使うと狂うのである。

日本に電気の断層があるのは、明治二八年に東京の電灯会社が50ヘルツのドイツ製発電機を、二年後に大阪の電灯会社が60ヘルツのアメリカ製発電機を、それぞれ導入したからである。

このヘルツのちがいを利用して電気時計を狂わせ、アリバイを偽造するトリックが斎藤栄の長編(10)にある。

現在は、どちらの地域でも使えるヘルツフリーの家電製品も販売されている。木《き》々《ぎ》高《たか》太《た》郎《ろう》の長編(11)では、電圧を低下させて、電気時計を誤作動させる。

【日時計】

西洋の公園には、日時計を利用して、時を告げる号砲がある。大砲の導火線に集光レンズが固定してあって、たとえば正午なら、太陽が中天にのぼったとき、日光の焦点で点火して空砲が鳴るのである。

空砲のかわりに、実弾をこめて、適当な時刻に発射するように焦点レンズを調節すれば、恐ろしい凶器になる。弾丸が命中する位置に、あらかじめ被害者を立たせておくのだ。フランシス・ボナミイの短編(12)より。

横溝正史の短編(13)では、日時計が死体の隠し場所に利用され、ケネス・フィアリングの長編(14)では、花壇の日時計の鉄の指針を凶器にしている。

【時差】

アメリカや北ヨーロッパの国では、夏の日照時間を有効に活用するために、夏時間《サマータイム》が採用されている。夏の時間だけ、標準時より時刻を一〜二時間すすめるのである。

日本でも一九四八年から実施されたことがあるが、南北に細長い国土では実情にあわず、わずか四年後に廃止された。

夏時間《サマータイム》がアリバイトリックに関係する国産ミステリーには、千代有三《ちよゆうぞう》の短編⑮がある。

また、長谷川町子《はせがわまちこ》のマンガ『サザエさん』では、夏時間《サマータイム》が原因で出勤や登校時間におくれる騒動が描かれており、横溝正史の『女が見ていた』には、夏時間《サマータイム》が導入された東京の様子がうかがえる。

アメリカでは、四月の最終土曜日の午前一時で夏時間《サマータイム》に切りかわり、一時間くりあげて午前二時になるのだ。ジョナサン・ラティマーの長編⑯では、この一時間の空白がトリックに利用されている。

また、東西に国土の広いアメリカには四つの時差があり、東部標準時（ニューヨーク時間）と中部標準時（シカゴ時間）では一時間のずれがある。この時差をトリックに利用したのが、エラリー・クイーンの短編⑰。

ルーファス・キングの長編⑱では、航海中に生じた時差をトリックにしている。

【文字盤】

時計の計算は十二進法である。

窓や鏡に映った文字盤で時間が誤認されるトリックは多く、A・E・W・メイスンの長編[19]、モーリス・ルブランの短編[20]、横溝正史の短編[21]、仁木悦子の短編[22]で使われている。また、文字盤の数字と実際の時刻を錯覚するトリックが和久峻三の短編[23]にある。

針がまるい文字盤を回転するアナログ時計なら不思議はないが、数字だけが表示されるデジタル時計は、うっかりすると、まちがえて十進法で計算してしまうことがある。

たとえば、デジタル表示で〈6・50〉とあったら、うっかり六時半だと錯覚する。50を一時間の半分だと、無意識に思いちがいをするのだ。この錯覚を巧みに利用したトリックが、アイザック・アシモフの短編[24]にある。

電話のトリック

電話には二つの特徴がある。

①自分がどこからかけているか、相手にわからない。

②反対に、相手がどこにいるか、アリバイを確認できる。

こうした特徴から、ミステリーでは、とくにアリバイの偽装工作に利用される。その古典的なトリックが、アンドリュウ・ガーヴの長編[25]で使われている。

犯人Aは殺人現場にいて、共犯のA夫人は電話機が二台ある自宅で待機する。そこへ、あらかじめ頼んでおいたBからA家へ電話がかかってくると、A夫人はもう一台の電話で犯行現場にいる夫を呼び出し、二つの受話器の、送話口と受話口をたがいちがいに密着させれば、Aはそれを中継にして、直接Bと通話ができるので、犯行時刻、自宅にいたという偽アリバイが成立するのである。

密着させる二つの受話器に増幅器をとりつけておけば、スムーズに通話ができる。草野唯雄の長編[26]では、雑音を録ったテープを通話中の相手に聞かせ、自分の居場所を錯覚させるトリックが使われている。

作品が書かれた当時は普及していなかったが、留守番電話の機能を応用したトリックが、蘭郁二郎の短編[27]にみられる。

ダイヤル式電話が一般的だった時代のトリックでは、ダイヤルを廻す間隔を正確に聞きわけ、通話相手の電話番号を割り出すというものがある。都筑道夫の長編[28]より。トリックではないが、L・J・ビーストンの『ヴォルツリオの審問』では、密告者の正体を暴く手段として、電話が利用されている。

また、大正時代から長編ミステリーを発表していた松本泰の『焼跡の死骸』という作品では、自働電話機を調べ、電話をかけた人物の身長を割り出す場面がえがかれている。自働電話とはオートマチック・テレフォン《Automatic Telephone》の訳語であり、ベルを鳴らして電話局の交換手を呼び出し、通話したい相手の電話を繋げてもらう仕組みである。現在の公衆電話にあたるもので、記録によると日本では明治三三年に上野と新橋の駅構内へ設置されたのが最初とされている。

吉村達也の『「巴里《パリ》の恋人」殺人事件』では、公衆電話から通話がつながったときに十円玉が落ちる音が重要な手がかりとなる。

【電話機能】

不在中にかかってきた電話を、あらかじめ指定した電話へ自動的に接続する、転送電話という便利なサービスがある。

たとえば、犯人は自宅の電話を犯行現場にある電話へ転送セットしておく。そして、善意の友人に、犯行時間中に自宅のほうへ電話をしてくれるように頼んでおけば、その友人がかけてきた電話は自動的に犯行現場の電話につながるので、それに応答した犯人は、犯行時刻には自宅にいたというアリバイが成立するのである。

この転送電話でアリバイを偽装するトリックは、辻真先の長編[29]をはじめ、たくさんの作例がある。

時代とともに電話には新しいサービスや機能がつぎつぎにできるので、そのつど、それを利用した新種のトリックが生まれている。

たとえば、自動車電話を利用したものでは、斎藤栄や山村美紗、エド・マクベインの長編(30)があり、親子電話では大谷羊太郎の長編(31)などがある。

森村誠一の長編(32)では、新幹線の列車電話がトリックに使われる。

【盗聴】

情報スパイ活動がさかんになるにつれ、盗聴装置も精巧になっていくが、ここでは電話をつかった簡単な盗聴トリックを紹介しよう。

ダイヤル式電話は、受話器を正しく電話機におくと通話が切れる。受話器の重さでフックボタンが下にさがるからだ。そこで、まず盗聴の相棒に電話をかけてから、二つのフックボタンの間に粘土かライターをおいて、その上に受話器をのせる。

こうすれば、一見して受話器は正常においてあるように見えるが、フックボタンが降下していないので、通話中の状態がつづいて、そばで話す声は先方につつ抜けになって盗聴されるのである。ウィリアム・ブリテンの短編(33)より。

粘土のかわりに角氷をおいて、被害者の電話を話し中にして、犯行時刻をごまかすトリックが、西村京太郎の長編(34)にある。角氷がとけるとフックボタンが降下して、ひとりでに通話がきれるのである。

【プッシュホン】

図1

図2

日下圭介の長編[35]には、プッシュホンを使った奇抜なトリックがある。プッシュホンの数字は、ふつう、図１のように並んでいるが、このボタンの上に、別の数字を書いたテープを図２のように張りつけてごまかしておく。

　そして、犯人はプッシュホンをあまり使ったことのない善意の第三者に、その電話を使って、たとえば２３―６０８７番へかけてくれと頼んでおき、その第三者が指定された日時に言われたとおりに電話をかけると、犯人がそれに応答したので、犯人は、この番号の電話がある場所にいたというアリバイが成立する。

　だが、ほんとうは４７―８０６３番の電話に通じたのである。その電話こそ、じつは犯行現場の電話だったというわけだ。

　斎藤栄の長編[36]では、プッシュホンのボタン配置を、暗号トリックに利用している。

【コードレス電話】

　あるマンションの六階の６０５号室で殺人事件があった。その犯行時刻に、容疑者Ａは二つ隣の607号室にいて、友人と電話で長話をしていたという。

その電話は友人がAの部屋にかけてきたものだから、Aは自分の部屋にいたというアリバイが認められたのである。

だが、ほんとうは、Aはコードレス電話で友人とおしゃべりしながらベランダづたいに605号室に行って、犯行をおこなったのだった。

コードレス電話を使えば、通話できる範囲内なら、自由に移動できることができるわけだ。機種によって異なるが、だいたい、親機と子機の間に障害物がなければ約一〇〇メートル以内の距離で通話可能である。

これによく似たトリックは、山村美紗の短編[37]や藤原宰太郎の長編[38]にある。


【幽霊番号】


犯行後、犯人は殺人現場から自分の会社にもどって、机にある電話から、こっそり一一四番にかける。そして、受話器をおくと、すぐ折り返し、その電話のベルが鳴りだすので、まわりの同僚たちは外部から電話がかかってきたと思う。

犯人は同僚たちにそう錯覚させてから、受話器をとって応答し、あたかも被害者と話をしているふりをするのだ。

そうすれば、その時刻、被害者はまだ生きていたことになるので、犯行時刻をごまかすことができる。

この一一四番は、電話を新しく架設したとき、電話線がちゃんとつながっているか、電話機が正常に作動するかどうかをテストするための番号である。

ベルが鳴って、受話器をとりあげたら、テスト終了である。この一一四番を利用した電話トリックは、斎藤栄の長編[39]にある。


【電話機】


最後に、電話機自体をトリックにした作品を紹介しよう。

コール夫妻の短編[40]では、電話機本体と受話器を改造し、らっぱ銃の発射装置にしており、アーサー・B・リーヴの長編[41]では、受話器に仕込んだ高圧電気を殺害トリックに利用している。

SF的なトリックになるが、アーサー・ポージスの短編[42]には、電話線を通して特殊な超音波をおくり、相手の鼓膜を破壊して失神させる、奇抜なアイディアがみられる。

実際に、こんな秘密兵器が開発されたら、誘拐事件のときに役立つだろう。犯人が二度目の脅迫電話をかけてきたら、一瞬にして犯人をノックアウトできるので、逆探知で犯人の居場所をつきとめて、逮捕できるわけだ。

また、テレビ番組「怪奇大作戦」の『恐怖の電話』では、空中放電装置を使い、電話機を殺人の道具にしている。

郵便のトリック

一般家庭に電話が普及するまで、主な通信手段として、手紙やハガキが使われていた。身近で手軽な通信手段のため、古くからミステリーのトリックに、さまざまな形で利用されているので、その作例を紹介しよう。

横溝正史の『夫婦書簡文』や『妻は売れっ児』、高木彬光の『無名の手紙』は、手紙やハガキを小道具にしたシャレたコントだが、微笑《ほほえ》ましい後味の結末なので一読をおすすめする。

【ポスト】

犯行現場の近くに郵便ポストがあると、盗品や凶器を隠すのに便利だ。

切手をはった封筒をあらかじめ用意してから盗みに入り、それに盗んだ紙幣を入れて、ポストに投げこんで逃げる。

そうすれば、そのあと運わるく捕まっても、肝心な証拠になる盗品を所持していないから容疑がはれる。

ポストに入れた封筒は、あとで郵便配達人があて先まで親切に届けてくれるので、ちゃっかり回収できる。もしあて先を自宅にして、張り込みの刑事に押収される心配があれば、信頼できる友人のところへ送って保管してもらうか、郵便局の私書箱を利用すればいい。ダン・J・マーロウの短編(43)より。

盗品のかわりに、凶器のナイフかピストルを小包にしてポストに入れ、すばやく犯行現場から逃げるトリックが、土屋隆夫の長編(44)とマージェリー・アリンガムの短編(45)にある。

【配達人】

不倫をしていた人妻が、姿なき犯人から電話で脅迫されて、浮気の口止め料を要求される。金は書留にしないで通常郵便で送れと犯人は命じて、その送り先を指定する。

彼女は夫に浮気がばれるのを恐れて、犯人の指示どおりに送金するが、あとで、そのあて先を調べてみたら、町名は実在していたが、番地と名前は架空だった。でたらめの住所へ郵送された金を、犯人はどうやって受け取ったのか？

じつは、その町内を配達区域にもつ郵便配達人が犯人だったのだ。配達人なら、だれにも怪しまれないし、架空の住所に送られた郵便物も受け取れる。通常郵便であるから、なに一つ郵送した証拠は残らない。

G・K・チェスタートンの短編(46)では、郵便配達人を犯人にしており、名探偵ブラウン神父が推理の盲点をついて、意外な犯人の正体を見ぬくのだ。

郵便配達人を巧みに利用したトリックは、草野唯雄の長編[47]にもある。

横溝正史の『悲しき郵便屋』は、ある女性のもとへ配達される楽譜の暗号ハガキを盗み見、偽造したことで、郵便配達人が痛い目をみる。


【切手】


ある金持ちの老人が死んだので、遺産の相続人が金庫をあけてみたら、古びたハガキが一枚あるだけで金庫の中はからっぽだった。

そのハガキも、古い切手が二枚はってあるだけだ。遺産はどこへ消えたのか?

そのハガキに貼ってある古切手が、じつは非常に高価な珍品だったのだ。老人は全財産をその古切手にかえて秘蔵していたのである。

一九八七年版の朝日新聞の記事によると、日本の某銀行がたった一枚の古切手を約一億六千万円の高値で購入したとある。

その切手は一八五二年にアメリカで発行されたもので、通称「レディー・マクギル」として知られている珍品である。このように小さい切手一枚でも、べらぼうな値打ちがあるので、ミステリーでは犯行の動機によく登場する。

エラリー・クイーンの短編[48]では、一八四〇年に世界で最初に発行された、ビクトリア女王の肖像が黒一色で印刷された〈ブラック・ペニー〉と呼ばれる女王のサイン入り古切手が盗まれる。盗んだ切手を別の切手の裏面に安全ゴムのりではり合わせて隠し、二枚を一枚に見せかけるトリックがおもしろい。

この古切手は、アイザック・アシモフの《黒後家蜘蛛の会》シリーズの『鉄の宝玉』にも登場する。

また、エラリー・クイーンは、『チャイナ・オレンジの秘密』という切手ミステリーの長編も書いている。これは、中国の福建省で発行された地方切手にからまる、奇々怪々な殺人事件である。

国産の切手ミステリーには、石井竜生と井原まなみの『見返り美人を消せ』がある。

【消印】

封書の切手に押された消印には、引受け局名と日時がしるされている。その消印を悪用して、アリバイを偽造するトリックがある。たとえば、図のような大判の封筒で、北海道小樽市の会社からパンフレットが届いたとする。

あて名が右側によせて書いてあり、差出人の社名が下に印刷してあると、点線のところを切ってすてれば、消印つきの普通サイズの封筒がつくれる。

この封筒に脅迫状を入れて、おどす相手の家の郵便箱へじかに投げこんでおけば、小樽

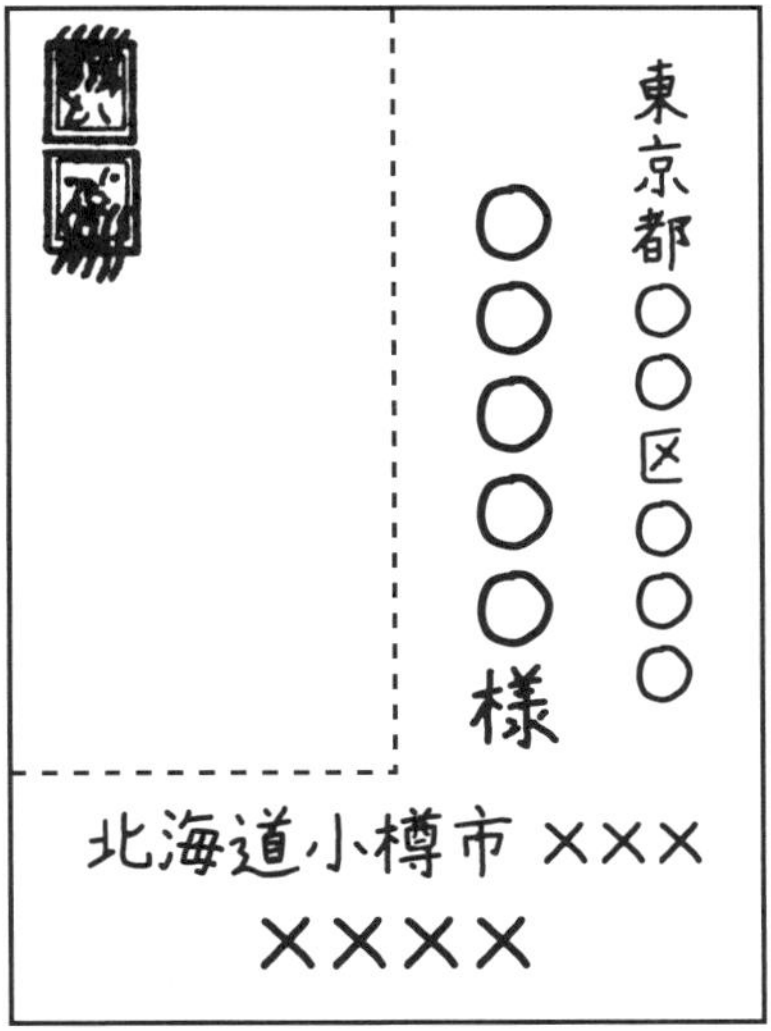

市内にある引受局の消印がつくので、脅迫状は小樽市内のポストへ投函されたように見せかけることができる。消印の日付にあわせて東京や大阪でアリバイをつくっておけば、嫌疑をまぬがれる。

土屋隆夫の長編[49]では、このトリックがもっと複雑な形で使われている。

このほか、目ぼしい消印トリックの作例として、なにも書いていないハガキに消印を押させ、あとから内容を書き足してインチキ予言をする高木彬光の短編[50]や、戦前に書かれたとされる絵ハガキの本当の作成年代を、消印の色からみやぶる菊池仁の短編[51]がある。

消印の日付ではなく、日付印スタンプを重要な手掛かりにしているのが、西村京太郎の長編[52]。

【返送・転送】

架空のあて先を書いて郵便物を出すと、その郵便物は差出人のところへ返送される。このシステムを利用するトリックがある。

たとえば、だれかに殺人のぬれ衣《ぎぬ》を着せるか、あるいは警察の捜査を混乱させるために、他殺に見せかけて自殺するのだが、自殺する直前に、真相を告白した手紙を存在しない住所を書いた封筒に入れて投函し、差出人を警察署の署長の名にしておくのだ。

すると、後日、その郵便物は警察署へ返送されてくるので、それを読んだ署長は事件の真相を知って驚くというわけだ。

これによく似たトリックは、L・J・ビーストンや城昌幸《じょうまさゆき》の短編(53)などにある。

西村京太郎の長編(54)には、目的の場所へ転送されることをみこして、郵便物を故意に誤送する、いっぷうかわったトリックがみられる。

草花のトリック

美しい草花も、ミステリーの世界では恐ろしい殺人トリックに利用されることがあるし、また完全犯罪をあばく決定的な証拠にも使われる。バラにトゲありのことわざ通り、一輪の花にも細心の注意が大切である。

藤原宰太郎の掌編(55)では、致命傷をうけた被害者が息をひきとる直前に、白いカーネーションがいけてある花瓶に、万年筆の赤いインクのカートリッジを投げこむが、あとで死体が発見されたとき、そのカーネーションは赤いインクを吸って白い花が赤く変わっていたので、それが犯人を暗示するのである。

〈母の日〉におこった事件だったので、容疑者の中で、母親がまだ存命している者が犯人だったという謎である。なぜなら、〈母の日〉には、母親のいる子は赤い花、母親のいない子は白い花を胸につけて、母の愛に感謝する習慣があるからだ。

このほか、〈母の日〉に花壇で殺されていた被害者が、白いカーネーションを摑んで犯人を暗示する、ダイイング・メッセージのアイディアもある。

植物は太陽光線がさすほうへ向かって茎や葉をのばす性質があり、これを向日性《こうじつせい》という。山村美紗の短編(56)や加納一朗の推理クイズ(57)では、この向日性がトリックに利用されている。

向日性というより重力の法則によるものだが、藤原遊子の短編(58)では、倒れた鉢植えコスモスの茎が上に伸びていたことで犯人の偽装工作が露呈する。

【開花時刻】

犯行前夜、朝顔のつぼみに紙のキャップをかぶせておき、翌朝、開花時刻がきても、つぼみはひらかないようにしておく。犯人は犯行現場からもどったあと、そのキャップを取りはずすと、開花時刻がすぎても花はひらくので、それをカメラで写し、アリバイを偽造する。幾瀬勝彬《いくせかつあき》の短編(59)より。

東京では、八月中旬なら朝顔は午前三時半ごろから花弁をひらきはじめて、四、五〇分で開花しておわるのである。

ルームクーラーを切ったため、部屋の室度があがり、温度に敏感なマツバボタンが早く開花したので犯行がばれる。日下圭介の短編(60)より。

サボテンの一種に、月下美人という珍しい花がある。夏の夜、たった一晩だけ、それも四時間くらいしか咲かないので、その短命な花をバックに写真にとって、アリバイ工作に利用する。山村美紗の短編(61)より。

宵待草は、夏の夜七時すぎころから咲きはじめ、日の出とともにしぼむ。この宵待草を氷の中に詰めて氷花にして、他殺死体のそばにおき、氷がとけたあとで死体が発見されるように仕組んで犯行時刻をごまかす。鮎川哲也の短編(62)より。

【花壇・鉢植え】

ピンク色の西洋あじさいが咲いている花壇に、凶器のピストルを埋めて隠す。ところが、翌年、その花壇にブルーのあじさいが咲いたので、ピストルを埋めたことが露見する。

土壌に鉄分があると、その鉄がさびて酸化鉄になって土壌が酸性になるので、ピンク色だったあじさいもブルーにかわって花が咲くのである。ヘンリィ・スレッサーの短編(63)より。

江戸川乱歩賞作家の日下圭介も、同じアイディアで短編(64)を書いている。こちらは、ピストルのかわりに血まみれのナイフをあじさいの根元に埋めて隠すのである。

鉢植えによるトリックとしては、ある法則にしたがって菊の鉢植えを置き、暗号通信に利用する。横溝正史の短編(65)より。


【花言葉】

他殺死体に、赤いダリアの花が一輪そなえてある。犯人が見せしめに置いたのだが、なにを意味するのか？

花には、それぞれ花言葉がある。バラは〈情熱〉、すずらんは〈幸福〉、コスモスは〈純愛〉、そしてダリアは〈裏切り〉。つまり、犯人は被害者から裏切られた恨みで殺したのだ。

花言葉はロマンチックなものばかりとはかぎらないのだ。

花言葉が手掛かりとなる作品に、アガサ・クリスティーや山村美紗の短編(66)がある。


【温室】

財産ねらいの甥《おい》が、心臓のよわい金持ちの伯母をいすに縛りつけ、暖房つきの温室にとじこめてから、室温を高くして、心臓発作をおこさせて命をうばう。そして、死体を庭に出して、日光浴をしている間に心臓マヒで急死したように偽装したのだが、この完全犯罪も意外なところから露見し、犯人のトリックが暴かれた。

室温をあげたために、温室で栽培していたカラシ菜の苗が、たった一日で異常成長したのだった。レオ・ブルースの短編(67)より。

【花の種】

思いがけない場所に珍しい花が咲いているので、ふしぎに思って掘ってみたら、行方不明の白骨死体が出てきたというトリックを紹介する。

ある園芸家が男を殺して雑木林に埋めた。ところが、その殺された被害者が、じつは手くせの悪い男で、犯人からホウセンカの種子をこっそり失敬してポケットに入れていたため、死体を埋めた場所でホウセンカの花が咲いたのだ。

雑木林の中で、ホウセンカの花が咲くことはめったにないため、花好き刑事がふしぎがって、死体を発見する。結城昌治《ゆうきしょうじ》の短編(68)より。なお、該当作品のタイトルはホウセンカの花言葉に由来している。

【有毒植物】

キノコやジギタリスなどの有毒植物をつかって毒殺するトリックはたくさんあるが、とくに奇抜なのがミリアム・アレン・デフォードの短編(69)である。

恋人を弟に奪われた盲目の兄が、恨みをはらすため、夾竹桃《きょうちくとう》の枝をけずってつくった焼き串《ぐし》で、バーベキューをして、弟に食べさせる。肉には毒が全然なかったのに、弟は毒死する。

はたして、毒死の原因は？

夏に紅白の花が咲く夾竹桃は、樹液に有毒な成分がふくまれているので、その枝でつくった串から、毒が焼き肉ににじみ出たのである。

鳥のトリック

【オウム・インコ】

オウムとインコはよく似ており、どちらも紀元前から人間のペットだったという記録が残されている。冠羽《かんう》（頭の飾り羽根）の有無や色（オウムは地味だが、インコはカラフル）のちがいが、両方を見わける大きなちがいである。

オウムを使ったトリックの名作に、アーサー・モリスンの短編(70)がある。

ある邸宅の三階の部屋で、テーブルの上に置きわすれた宝石が一つ盗まれて、そのあとに、なぜか一本のマッチ棒が落ちていた。ドアには鍵がかかっていたし、窓はすこしひらいていたが、三階だから、長いハシゴでも使わないかぎり、犯人はしのびこめない。

じつは、以前にも同じような盗難が二度もあって、そのときも、たくさんある宝石の中から、いちばん安い宝石が一つだけ盗まれたのだ。まったく欲のない不思議な怪盗である。タネをあかすと、その泥棒はオウムだった。もちろん、ほんとうの犯人はその飼い主である。ピカピカ光る宝石を見つけたら、それをくわえて帰るようにオウムを訓練していたのだ。

鳥なら、窓さえ少しひらいていれば、どんな高い部屋でも自由に出入りできるし、もし見つかっても、鳥のいたずらだと大目に見逃してもらえる。では、なぜ現場にマッチ棒が落ちていたのか?

部屋に入るとき、もし鳴き声をたてたら怪しまれるので、鳴かないように、飼い主がマッチ棒をくわえさせておいたのだ。

ジャック・フットレルの短編(71)では、資産家が、財産の隠し場所を独り言でつぶやいているうち、室内で飼っているオウムが覚えてしまい、隠し場所が発覚する。

逆に、エドワード・D・ホックの短編(72)は、隠し財産に関するキーワードをオウムに教えるが、そのオウムがガス中毒で死んだため、手掛かりが失われてしまう。

マーヴィン・ダナの長編(73)では、宝石の隠し場所を三羽のオウムに教えるが、そのうちの一羽の舌が切断されたことで、宝石の隠し場所がわからなくなる。

ハーマン・ランドンの『白鸚鵡《おうむ》の死』や松本泰の『P丘の殺人事件』、横溝正史の『鸚鵡を飼う女』、鬼怒川浩《きぬがわひろし》の『鸚鵡裁判』ではオウムの鳴き声が、西村京太郎の『東京——

旭川殺人ルート』ではインコの言葉が、重要な手掛かりとなる。

二羽のインコを巧みに使いわけ、変な言葉をしゃべらせて飼い主をノイローゼにする心理的な罠が、日下圭介の短編(74)にみられる。

このほか、E・C・ベントリーの短編(75)では、オウムが盗みのカムフラージュに使われ、山本周五郎の短編(76)では、南洋産の大インコのくちばしに毒を塗って被害者を啄《つ》き殺させる。被害者が飼っていたインコからオウム病に感染して犯行がばれるのが、森村誠一の短編(77)である。

【ハト】

伝書バトは、紀元前三〇〇〇年の春、すでに古代エジプトで漁船が通信に利用していた。日本でも、江戸時代に大阪の米商人がハトを使って、いちはやく米相場を江戸の支店に知らせて大もうけをしたが、幕府に知られて処罰された記録がある。

ミステリーでは、宝石や麻薬の密輸に伝書バトはよく使われる。

ハトの脚缶か通信袋に入れて飛ばせば、国境の検問所や港の税関などに関係なく、空から自由に密輸できる。ジャック・フットレルの短編(78)より。

さらに奇抜なトリックが、梶竜雄《かじたつお》の短編(79)にある。

誘拐犯人が身代金に一億円のダイヤを要求して、その脅迫状といっしょに一羽の伝書バトを送りつける。

このハトの通信袋にダイヤを入れて、空に飛ばせと命令するのだが、警察はそのハトに超小型の発信器をとりつけて飛ばし、小型飛行機で追跡して、ハトが帰る巣をつきとめて犯人を逮捕するのだ。斎藤栄の長編(80)でも、同様のトリックが使われている。

ハトを通信に利用する場合、タカやワシに襲われる危機を考慮しなければならない。


【ダチョウ】


つい最近、アフリカから輸入されたばかりのダチョウが殺された。腹を切りさかれていたのだ。なぜ無残にも切り殺されたのか?

アフリカから輸出するとき、犯人はそのダチョウにダイヤモンドをのみこませておいたのだ。ダチョウのような雑食性の鳥は、歯がないかわりに、砂袋という特別な胃がある。砂や小石をのみこんで、この砂袋にたくわえておき、食べた物をこまかく砕いて消化を助けるのだ。この小さな石は排出されないで、いつまでも砂袋に残っている。

生きたダチョウなら、検疫さえパスすれば、税関にあやしまれることなく、宝石をのみこませて密輸できる。そして、あとでダチョウを殺して、砂袋から回収したというわけだ。

西東登《さいとうのぼる》の長編(81)より。

【フクロウ】

フクロウの習性を利用して、のみこませた宝石を回収できるトリックを紹介しよう。

森の中を歩いていると、大きな木の下にネズミや小鳥の小さい骨が落ちているのを見かけることがある。上をみると、その木にフクロウの巣がある。

フクロウはネズミや小鳥をつかまえて丸のみにするが、あとで不消化の骨を吐きだすのだ。この習性をペレットという。

盗品の宝石やコインを肉にくるんで、まるごとフクロウに食べさせておけば、盗んだ本人はたとえ身体検査されても容疑がはれるし、あとでフクロウが吐きだしてくれるので、ぶじに回収できるわけだ。藤原宰太郎の短編[82]より。

【九官鳥】

九官鳥は人間の言葉をまねして復唱するので、テープレコーダーが普及する以前には、これを利用して、アリバイの偽造工作によく使われた。

たとえば、ドアごしか玄関のインターホンを通して九官鳥のものまね声を第三者に聞かせて、そのとき、まだ被害者が生きて家の中にいたかのように錯覚させて、犯行時刻をごまかすのだ。草野唯雄の長編[83]や戸板康二の短編[84]に、これとよく似たトリックがある。

喘息の男が殺害されるが、その咳き込みを覚えた九官鳥のまねを聞き、犯人が疑心暗鬼におちいり、警察へ自首する。赤沼三郎《あかぬまさぶろう》の短編(85)より。

動物のトリック

【犬】

犬は、動物の中でもっと古くから人間社会にとけこんで、共同生活をしてきた。そのせいか推理小説でも、しばしば登場しては重要な役割を果たす。

本岡類の長編(86)では、あるメロディーを飼い犬に覚えさせ、それを聞いたら犬が自動給餌《きゅうじ》器《き》にセットしてある放火装置を作動するよう仕込み、連続放火をおこす。

物をくわえる犬の習性もトリックに使われており、アガサ・クリスティーの短編(87)では、〈地獄〉というナイトクラブの前にいる黒い猛犬にゴム袋入りの麻薬をくわえさせ、警察の手入れを逃れる。佐野洋の短編(88)ではカギを移動させ、アーサー・ポージスの短編(89)では凶器を回収させせている。

M・D・ポーストの短編(90)には、靴底にテレピン油をぬり、犬のするどい嗅覚を狂わせて追跡から免れる奇抜なトリックが使われている。

長毛の犬を利用して、凶器を殺人現場の外へ運び出すトリックもある。土屋隆夫の短編(91)より。

アメリカの映画『ドーベルマン・ギャング』は、犬笛を使って六頭のドーベルマンを訓練し、銀行強盗をやらせる話である。

犬笛とは、人間の耳には聞えない周波数の音を発する訓練の笛である。この笛をトリックに使った作品に、赤川次郎の長編(92)、ハリイ・ケメルマンの短編(93)がある。

特定のキーワードや音により、獰猛《どうもう》な犬をけしかけるトリックは、草野唯雄の長編(94)やテレビ番組「刑事コロンボ」のエピソード(95)にもみられる。

ハーマン・ランドンの『葬式フランク』は、犬を利用して詐欺をはたらく男が、犬の病気によって罪をつぐなうはめになる話である。

ほかにも、ヴァン・ダインの『ケンネル殺人事件』、フランク・キングの『のら犬へのレクイエム』、フレドリック・ブラウンの『猛犬にご注意』、ロイ・ヴィカースの『百万に一つの偶然』、橋本五郎《はしもとごろう》の『狆《ちん》』、阿刀田高《あとうだたかし》『恋は思案の外』、水上勉《みずかみつとむ》『眼』など、犬が関係する推理小説は数えきれないほどあるため、愛犬家に読書のネタは尽きない。

【猫】

猫も大昔から人間といっしょに生活してきた動物だが、犬とくらべて気ままなせいか、殺人トリックに利用されることは、あまりない。

S・A・ステーマンの長編(96)には、猫が爪で引っ掻く習性があるのを利用し、毒を塗った爪による殺人トリックがみられる。

麻酔で眠らせた猫をバネ仕掛けの重しにつかい、猛毒を塗ったナイフを自動発射させるトリックが仁木悦子の長編(97)にある。

金庫の入った大金の紛失を盗賊のしわざと擬装した男の企みが、麻酔薬で熟睡する黒猫によって瓦解するのが、スチュワート・マーティンの短編(98)。

殺人トリックとは関係ないが、横溝正史の『黒猫亭事件』では黒猫が、ロジャー・スカーレットの『白魔』ではペルシャ猫が、それぞれ重要な役割を果たし、吉村達也の長編『猫魔温泉殺人事件』やテレビ番組「新・刑事コロンボ」の『殺意の切れ味』では猫の毛が貴重な手掛かりにされている。

また、横溝正史の『丹夫人《たんふじん》の化粧台』、渡辺啓助《わたなべけいすけ》の『黒猫館の秘密』や『モンゴル怪猫伝《かいびょうでん》』、吉村達也の『六麓荘《ろくろくそう》の殺人』など、猫が重要な役割を果たす作品も多々ある。

エドガー・アラン・ポーの短編『黒猫』は、猫の鳴き声がきっかけとなり、壁に塗り込められた死体が発見されるが、この作品は推理小説というよりは、猫の恨みをテーマにした怪奇小説である。

同じく猫の復讐による因果応報譚のミステリーには、エドワード・ウェアの短編(99)がある。

甲賀三郎の『発声フィルム』は、猫の気まぐれな行動によって犯罪が看破される。

【熊】

熊は獰猛《どうもう》で凶暴な動物だが、いっぽうで知恵のある存在や豊かさの象徴として信仰の対象にもされてきた。

現代の殺人事件に戦争犯罪をからませた西東登の『蟻の木の下で』では、井之頭公園内で羆《ひぐま》の爪痕が遺る男の死体が発見される場面からはじまる。

佐左木俊郎《ささきとしろう》の短編(100)は、殺人を過失と偽装するため、開墾地に出没する熊が利用される話である。

太田蘭三《おおたらんぞう》の長編(101)では熊の足跡を偽造し、草野唯雄の長編(102)では熊の毛皮を着ることで、殺人を熊のしわざに見せかけるトリックが使われている。

このほか、宇野浩二《うのこうじ》の『化者』に、小説家が熊の毛皮をかぶって虎と対決する場面が、江戸川乱歩の『人間豹』には、怪人に誘拐された明智小五郎《あけちこごろう》の奥さんが熊の着ぐるみをかぶせられ、檻の中で虎と決闘させられるショッキングな場面が、それぞれみられる。

虫のトリック

【アリ】

日下圭介の短編(103)では、アリが恐ろしい殺人トリックに利用されている。

ある夏の日、庭に面した部屋で、男が寝ている間にガス中毒死する。室内にあるガス栓から、ガスがふき出していたのだ。

当日の昼、近所の人がその部屋の雨戸のすきまから、なにやら黒い糸のようなものが庭にたれていたのを目撃していた。

その黒い糸というのが、じつはアリの行列だったのだ。犯人は角砂糖をガス栓につめてから、その栓をひらいておいたのである。

こうすれば、すぐにガスは出ないが、やがてアリが庭から雨戸のすきまを通って室内にはいあがり、ガス栓の砂糖をかじって、ひと粒ひと粒運び去るので、ガスがふき出すのである。

エゾアカヤマアリ一匹で一回に一ミリグラムの砂糖を運ぶというから、一万匹のアリが一日に五回往復すると、五〇グラムの砂糖が移動することになる。

甘いものにたかるアリの習性が犯人の偽装工作をあばく作例として、人工甘味料とアリの関係をアリバイ・トリックに使った、鮎川哲也の短編(104)がある。

第10回江戸川乱歩賞の受賞作である西東登の『蟻の木の下で』には、タイの密林にいる肉食アリの大集団が兵士の肉体を食いあらす恐怖シーンがあり、また、M・D・ポーストの短編(105)では、探検家がアフリカの秘境で発見したエメラルドを巨大なアリ塚に隠すトリックがある。

【ハチ】

ドライブ中の女性が、車内にいた一匹のハチに刺されたので、あわてて急停車し、車から逃げ出そうとしたとたん即死する。

いくら毒バチとはいえ、たった一匹のハチに刺されたくらいで人間が即死するだろうか？　この謎を扱ったのが、アントニー・ウィンの短編[106]にある。

人体には、アナフィラキスという珍しい現象がある。これは、ある特定の動物の分泌液を人間に注射すると、あとになって、それと同じ成分の物質が体内に入ったら、ひどいアレルギーをおこしてショック死するというものだ。

犯人は、この現象を利用したのだ。ハチの毒素とおなじ成分の毒を、インフルエンザの予防注射といつわって被害者に注射した。そして、一か月後、被害者の車の中にこっそり毒バチを一匹入れておいたので、被害者はそれに刺されて、アナフィラキス現象をおこして死んだのである。同じようなトリックは、和久峻三の短編[107]にもある。

アーサー・ポージスの短編[108]では、白金のアイソトープを盗み出す際、奇抜な手段でハチを使っている。

森村誠一の短編[109]は、行動範囲と帰巣本能を調査するための実験用蜜バチの死骸から犯人のアリバイがくずれ、日下圭介の短編[110]では、ルリジガバチの特殊な習慣が犯行時刻を特定する重要な手がかりとなっている。

【蚊】

犯行現場に落ちていたヤブ蚊の死骸に、犯人のRhマイナスB型の珍しい血液が残っていたため、血液型が証拠になる。藤原宰太郎の長編[111]より。蚊が吸ったばかりの人血は、血液の抗原性がこわれていないので、血液型が検出できるのである。

森村誠一の短編[112]では、蚊が吸った血液と日本脳炎ウイルスの感染をからませている。蚊を媒体にして鯖のエキスを注射し、アレルギー・ショックをおこす殺人トリックもある。由良三郎の短編[113]より。

車のトリック

名探偵シャーロック・ホームズは辻馬車に乗って捜査に出かけることがしばしばあったが、怪盗アルセーヌ・ルパンが活躍するころになると自動車が普及しはじめ、ルパン自身も華麗に自動車を乗りまわしている。

日本の作家では、江戸川乱歩を見いだした森下雨村が、交通網の整備されていない戦前から積極的に作中で自動車を登場させ、『幽霊盗賊《どろぼう》』や『死美人事件』などを書いている。

自動車を使ったトリックは数多く、車自体をトリックにしたり、動く凶器として利用したり、アリバイ工作の移動手段にしたり、種々多彩である。

ハリボテのボディを別の車にかぶせて車種を第三者に誤認させ、本物の車はガレージに置いて自動車のアリバイを偽造するトリックが、辻真先の長編[114]にみられ、車体を凶器にした奇抜なトリックには、二台並んだ自動車の内側のヘッドライトだけを点灯させ、一台しかいないように見せかけて横幅のせまい道路を走らせる、笹沢左保の長編[115]がある。

山本周五郎の短編[116]では、進行してくる自動車のヘッドライトを鏡に反射させ、前方から別の自動車が向かってくるように錯覚させるトリックが使われている。

【パトカー】

パトカー、または救急車に偽装した車で逃走する。これならば、どんな道路がこんでいても、また赤信号になっても、サイレンを鳴らして、ノンストップで走ることができる。

短時間で逃走できるので、アリバイ工作にも都合がいい。これによく似たトリックが、桶谷繁雄《おけたにしげお》の短編[117]にある。

【オープンカー】

オープンカーに毒殺死体を乗せ、人目につかないところに駐車するが、車の幌《ほろ》をかけるのを忘れたので偽装工作がばれる。

なぜなら、死亡時刻の前後、その現場では雨がふっていたのだ。雨がふれば、オープンカーの幌をかけたはずだからである。テレビ番組「刑事コロンボ」の『別れのワイン』より。

【クレーン車】

刑務所の塀の外にクレーン車をとめて、高い塀ごしにクレーンを伸ばし、ワイヤーをさげる。塀の中で待機していた囚人はそのワイヤーにつかまって、まんまと脱獄できる。

赤川次郎の長編[118]では、クレーンでプレハブ小屋を高くつりあげて、小屋の中にいる人間を墜落死させる奇想天外なトリックがある。

【冷凍車】

冷凍車に死体をつんで青森県から九州まで運べば、暑い夏の日でも死体は腐敗しないから、死亡時刻をごまかすことができる。

西村京太郎の短編[119]では、心臓の弱い人物を冷凍車に閉じこめ、心臓発作を起させて殺害する。

また、山村正夫の長編[120]では、死体を解体するために冷凍車が利用されている。

【タイヤ】

犯行現場まで車で行くと、もしそこが舗装されていなかったらタイヤの跡が残る。そのタイヤ痕も重要な証拠になるので、それをごまかすために、他人の車のタイヤを自分の車に取りつけてから犯行現場へ行き、わざとタイヤ痕をはっきり残しておく。犯行後、元どおり自分のタイヤとかえておけば安全だ。アガサ・クリスティーの短編(121)より。

森下雨村の『友情の凱歌』には、自動車のタイヤの跡から泥棒が乗る車の種類や特徴を推理する場面がある。

アーサー・ポージスの短編(122)や草野唯雄の長編(123)では、車のタイヤに青酸ガスを仕込んで毒殺するトリックがみられる。

【走行距離メーター】

犯行現場へ往復した車のアリバイを偽造するために、走行距離メーターの数字をごまかすトリックがある。

たいていの車は、バックして走るとタイヤが逆回転するので、走行距離メーターの数字がへるのである。しかし、実際に車をバックして何キロメートルも走るのは無理である。では、どうするか?

車体をジャッキで持ちあげて、車輪を逆回転させればいい。姉小路《あねこうじ》祐《ゆう》の長編(124)では、同様の方法で走行距離メーターを増やしている。

アーサー・ポージスの短編(125)では、ジャッキだけでなく、モーターつきの芝刈り機を利用している。エンジンの故障で車輪がまわらない乗用車をジャッキで持ちあげて、その車のタイヤに芝刈り機の車輪を密着させるのだ。芝刈り機の車輪を回転させると、乗用車のタイヤもその摩擦で回転するので、走行距離メーターの数字もごまかすことができる。

また、フランシス・M・ネヴィンズJr.の短編(126)では、前輪駆動の車を牽引車で後ろ向きに持ちあげて走らせて、走行距離メーターをごまかす。

【大型トレーラー】

ヒュー・ペンティコーストの短編(127)には、大型トレーラーを使った大胆なトリックが使われている。学童を乗せたマイクロバスが、支線のない一本線の道路を走行中に、こつ然と消えて行方がわからなくなるのだ。

じつは、犯人に誘拐されて、バスごと大型トレーラーの中にとじこめられて運び去られたという、大がかりなカー・ジャック事件だった。

大型トレーラーの影を利用し、真夏の荒野のハイウェイを、日焼けせずに車で走りぬけるトリックもある。

【カスタムカー】

自動車事故の中で、いちばん悪質なのが、ひき逃げである。しかし、目撃者がいなくても、ひき逃げ現場には加害者の証拠品（車体の塗装片、スリップしたタイヤ痕、ヘッドライトのガラスの破片など）が落ちているから、それを手がかりに捜査すれば、たいてい犯人の車をつきとめることができる。

ところが、その加害者が、いろいろな車の部品をよせ集めてつくったカスタムカー（合成車）だったら、捜査はたいへんである。

いくらタイヤ痕や塗装片、ライトの破片がみつかっても、別々の車から取りよせた中古の部品であるから、車の種類もバラバラなのだ。

カスタムカーも陸運局に登録しなければならないが、登録したあと、また勝手に部品を取りかえてしまえば、登録原簿をしらべても手がかりにならない。

まして、カスタムカーの持ち主はカーマニアが多いので、修理業者に頼まないで自分の手で修理することが多い。

森村誠一の短編[128]では、このカスタムカーがトリックに使われている。

鉄道のトリック

鉄道ミステリーの中でも、とくに奇想天外なトリックは、V・L・ホワイトチャーチの短編『ギルバート・マレル卿の絵』である。

貨物列車が支線の分岐点を通過したとき、一度も停止しないのに、まん中に連結してあった車両が一台だけ煙のように消えて抜けてなくなるのだ。

なぜ、こんな不思議なことがおきたのか？　その謎解きは、原作を読んでいただきたい。翻訳は短編集『ソープ・ヘイズルの事件簿』（論創社）などに収録されている。

こうした不可解な車両消失トリックは、コナン・ドイルの『消えた臨急』やオーガスト・ダーレスの『消えた機関車』、エラリー・クイーンの『七月の雪つぶて』、阿井渉介の『黒い列車の悲劇』にもみられる。

上りと下りで同じ列車名の特急に乗ったことで、偶然、アリバイが成立するという、いっぷう変わったトリックもある。吉村達也の長編[129]より。

【蒸気機関車】

貨物列車がA駅を発車したとき、その蒸気機関車には機関士と助手が乗っていたのに、つぎのB駅につくと機関士の姿はなく、助手がひとりで運転していた。

進行中、機関士が飛びおりて逃げた形跡はないのだ。では、どこへ消えたのか？

じつは、助手が機関士を殺して、その死体を機関車の火室で焼いたのである。蒸気機関車の炉は火力が強いので、人間の死体ぐらい簡単に消却できる。焼け残った骨は石炭殻にまじれば見わけがつかないし、死体が焼ける臭気も、走っている列車なら風に吹かれて消える。まさに動く火葬場である。

この焼却トリックは迫羊太郎《さこようたろう》の短編(130)にあり、岩藤雪夫《いわとうゆきお》の短編(131)にも同一のトリックがみられる。

【時刻表】

日本の鉄道ミステリーには、時刻表の盲点を利用してアリバイ工作をする作品がたくさんある。

鮎川哲也の長編(132)では、列車ダイヤが改正される前日から、すでに新ダイヤで走っている長距離列車に乗って、アリバイを偽造する。

また市販の時刻表には、機関車を交換するために停車する駅は記載されていない。斎藤栄の長編(133)では、この一般の停車扱いしない駅に列車が停まったとき、犯人がこっそり下車して、アリバイ工作をする。

列車が、時刻表には載っていない走り方をする蜃気楼ダイヤをトリックに使うのが、西村京太郎の長編(134)である。

また、西村京太郎は、トラベルミステリーの第一人者の面目躍如として、時刻表を自作して、『日本一周「旅号」《ミステリー・トレイン》号』殺人事件』を書いている。

【台車】

保線工事用の手こぎ台車は、手押しポンプのようなものを動かしてレールの上を走る。真夜中、脱獄囚たちがこの台車に乗って逃げれば、たとえ道路が封鎖されていても、まんまと逃亡できる。

かなりスピードが出るし、途中で列車と出会ったら、路線から台車をはずして避難することもできる。

進行中のローカル列車から、団体客が全員ごっそり蒸発してしまう赤川次郎の短編(135)にも、この台車が登場する。

【除雪車】

大雪がつもった冬の朝、線路わきにある家の庭で女の死体が発見される。その死体は深い雪の中に頭をつっこみ、まるで逆立ちしたように埋もれていたのだ。

大きな刃物で肩や胸をえぐられていたが、ふしぎなことに、庭の雪には犯人の足跡はおろか、被害者の足跡さえ残っていなかった。
この怪事件の真相をあかすと、犯人は前夜、線路の踏み切りに死体を雪の中に埋めて隠しておいたのだ。そこへロータリー除雪車がきたので、その死体は回転する羽根車に巻き込まれ、雪といっしょに空中へはね飛ばされて、近くの家の庭へまっ逆さまに落下したというわけだ。青池研吉《あおいけけんきち》の短編(136)より。

【陸橋】

線路の上をまたいでいる陸橋から、その下を通る貨物列車の屋根に死体を投下すれば、そのまま死体は遠くへ運ばれていく。
列車がカーブを通過するたびに車両がかたむくので、やがて死体は貨物列車の屋根からずり落ちる。
こうしたトリックは、コナン・ドイルや江戸川乱歩、横溝正史の短編(137)など、多数の作例がある。

【連結器】

客車が連結してあるところの渡り板をはねのけると、じゃばら状の合成皮革の幌《ほろ》がある。これは乗客が落ちない用心のために取りつけてあるのだ。

さて、誘拐犯人が列車内で身代金を奪うと、この幌を一か所切り裂いて、その穴から大金の包みを投下する。すると、線路のまん中に落ちるので、沿線で待機している共犯者は、列車が通過したあと、その大金を拾って、まんまと逃走する。

西村京太郎の長編[138]にある、奇抜なアイディアである。

【列車爆破】

某国の要人が乗る新幹線列車を爆破しようと計画するが、その下り特別列車は警戒が厳重なので、犯人は近づくことができない。

そこで、上り列車に時限爆弾をしかけて、下り特別列車とすれちがう瞬間に爆発するようにセットすれば、列車は上下線とも脱線転覆する。

警備の盲点をついたトリックである。森村誠一の短編[139]より。

西村京太郎の『寝台特急「北斗星」《ロイヤル・トレイン》殺人事件』は、十津川警部が部下と連携をとりながら、「北斗星5号」の爆破を予告するグループに立ち向かうサスペンス・ミステリーだが、爆弾の仕かけ方や仕かけ場所が意表をついている。

乗り物のトリック

【飛行機】

飛行機は空飛ぶ密室であり、一種のクローズド・サークル（閉鎖空間）といえる。

犯人も容疑者も、被害者も人質も、誰もが逃げ場のない、動く巨大な密閉空間内は、消失トリックをはじめ、さまざまな手段で不可能犯罪をえがける魅力がある半面、凶器の持ち込みが困難なうえ、降機後に逮捕される危険があるため、そのデメリットを、いかにクリアするかも、作家のうでの見せどころといえよう。

日本では、自身もパイロットだった福本《ふくもと》和也《かずや》が航空ミステリーを得意としており、『謎の乗客名簿《ボーディング・リスト》』や『赤い航空路』、『UFO殺人事件』、『成田空港殺人事件』、《航空検査官》シリーズを書いている。

また、戦前に活躍した関西出身作家の酒井嘉七も、航空ミステリーの短編を何作か書いている。

航空ミステリーの傑作には、大庭《おおば》武年《たけとし》の『旅客機事件』、丘美《おかみ》丈二郎《じょうじろう》の『空坊主事件』や『種馬という男』、角田喜久夫の『蒼魂』があり、いずれも本格ミステリーファン必読である。このジャンルを系統立てて読みたければ、中島河太郎の編んだ航空ミステリー傑作集『恐怖の大空』、『戦慄の蒼空』、『凶悪の空路』がおすすめである。

飛行機を利用したアリバイトリックも多く、蒼井雄《あおいゆう》の長編[140]、高木彬光の短編[141]、津村《つむら》秀介《しゅうすけ》の長編[142]、西村京太郎の長編[143]、森村誠一の長編[144]など、鉄道を利用したアリバイ物には及ばないものの、かなりの数にのぼる。

時刻表には乗らない軍用機を利用して移動ルートを確保する西村京太郎の長編[145]、パイロットが自分の操縦する飛行機に乗っていたので搭乗記録が残らないという島田一男の長編[146]は、どちらも奇抜なアイディアである。

【船】

船を舞台にした傑作ミステリーには、宮原龍雄《みやはらたつお》の『ニッポン・海鷹《シー・ホーク》』や笹沢左保の『沖縄海賊』、西村京太郎の『消えた乗組員《クルー》』、ジョン・ディクスン・カーの『盲目の理髪師』や『B13号船室』などがあるが、船に関するトリックとなると数が絞られる。

ひとくちに船といっても、豪華客船のような超大型のものから、公園の池に浮かぶボートのように小型のものまで、その形態はさまざまである。

船を利用したトリックのそのほとんどがアリバイ工作であり、たとえば、F・W・クロフツの長編[147]ではボートに船外モーターを取りつけて速度を倍加してアリバイを作り、西村京太郎の長編[148]ではサバニ（琉球列島で古くから使われていた漁船）を使った海上ルートの移動でアリバイを成立させる。

船を利用した密輸トリックには、西村京太郎の短編[149]やテレビ番組「刑事コロンボ」のエピソード[150]があり、前者は船の備品には関税がかからないことを利用して美術品を、後者は貨物船を誘導するタグボート（引き船）に隠した銃を輸出するのだ。

故意に船を沈没させるというアイディアでは、船を失うことで保険金を不正に受け取ろうとする大阪圭吉の短編[151]、船籍を抹消するために船を沈める西村京太郎の長編[152]が書かれている。

車ごと乗り込めるカーフェリーを利用した作品には、斎藤栄の『日本海殺人フェリー』や『フェリーＫＴ79に何が起きた』がある。

【自転車・オートバイ】

自転車が発明された当時、徒歩よりも早い移動手段として、フォルチュネ・デュ・ボアゴベイの長編[153]やミルワード・ケネディの短編[154]で、アリバイ工作に使われている。コナン・ドイルの短編『プライオリ・スクール』では、名探偵シャーロック・ホームズが、地面に残るタイヤの跡から、自転車の進行方向を推理する。

自転車よりも早く、自動車が通行できないような場所を猛スピードで走行できるオートバイもアリバイトリックに欠かせない乗り物で、西村京太郎の長編[155]では、山道をバイクで往復することで、山中にこもって祈禱していたというアリバイを偽造する。

オートバイにハリボテの車体をかぶせ、自動車に偽装して検問を巧みに逃れるジャック・フットレルの短編[156]より。

犯罪トリックではないが、乱暴運転する悪徳ドライバーをこらしめるため、ジャイロ平均機を取りつけた無人自転車を走らせるのが、新井リュウジの短編[157]である。

（1）角田喜久雄『高木家の惨劇』（講談社『角田喜久雄全集13　高木家の惨劇』）
（2）蘭郁二郎『飾り時計の事件』（論創社『蘭郁二郎探偵小説選I』所収）
（3）ジョン・ディクスン・カー『死時計』（創元推理文庫『死時計』）
（4）横溝正史『お時計献上』（捕物出版『朝顔金太捕物帳』所収）
（5）斎藤栄『危険な水系』（中公文庫『危険な水系』）
（6）ミニヨン・G・エバハート『スパイダー』（創元推理文庫『犯罪の中のレディたち　女性の名探偵と大犯罪者（上）』採録）
（7）J・S・フレッチャー『目ざまし時計』（『別冊宝石』三九号［一九五四年七月発行］に翻訳掲載）
（8）鮎川哲也『砂の時計』（出版芸術社『鮎川哲也コレクション挑戦篇3　二つの標的』）
（9）エドワード・D・ホック『犯罪作家とスパイ』（バベル・プレス『本の殺人事件簿　ミステリ傑作20選1』採録）

(10) 斎藤栄『黒部ルート殺人旅行』（光文社文庫『黒部ルート殺人旅行』）

(11) 木々高太郎『折芦』（朝日新聞社『木々高太郎全集2　折芦ほか』）

(12) フランシス・ボナミイ『装填された家』（『ハヤカワ・ミステリ・マガジン』一九七九年一一月号に翻訳掲載）

(13) 横溝正史『日時計の中の女』（角川文庫『金田一耕助ファイル14　七つの仮面』所収）

(14) ケネス・フィアリング『大時計』（創元推理文庫『大時計』）

(15) 千代有三『痴人の宴』（論創社『千代有三探偵小説選Ⅰ』所収）

(16) ジョナサン・ラティマー『処刑六日前』（創元推理文庫『処刑六日前』）

(17) エラリー・クイーン『アフリカ旅商人の冒険』（創元推理文庫『エラリー・クイーンの冒険』所収）

(18) ルーファス・キング『緯度殺人事件』（論創社『緯度殺人事件』）

(19) A・E・W・メイスン『矢の家』（創元推理文庫『矢の家』）

(20) モーリス・ルブラン『金歯の男』（偕成社『アルセーヌ＝ルパン全集17　バーネット探偵社』所収）

(21) 横溝正史『十二時前後』（論創社『横溝正史探偵小説選Ⅴ』所収）

(22) 仁木悦子『月夜の時計』（出版芸術社『仁木兄妹の探偵簿②　妹の巻』所収）

(23) 和久峻三『女相続人』（角川文庫『背の青い魚』所収）

(24) アイザック・アシモフ『犯行時刻』（創元推理文庫『黒後家蜘蛛の会3』所収）

(25) アンドリュウ・ガーヴ『罠』（ハヤカワ・ポケット・ミステリ『罠』）

(26) 草野唯雄『京都大文字送り火殺人事件』（徳間文庫『京都大文字送り火殺人事件』）

(27) 蘭郁二郎『発明相談所』（論創社『蘭郁二郎探偵小説選Ⅰ』所収）

（28）都筑道夫『紙の罠』（ちくま文庫『紙の罠』）

（29）辻真先『迷犬ルパンの推理』（光文社文庫『迷犬ルパンの推理』）

（30）斎藤栄『河童殺人事件』（中公文庫『河童殺人事件』）
山村美紗『京都茶道家元殺人事件』（光文社文庫『京都茶道家元殺人事件』）
エド・マクベイン『キングの身代金』（ハヤカワ文庫『キングの身代金』）

（31）大谷羊太郎『悪人は三度死ぬ』（光文社文庫『悪人は三度死ぬ』）

（32）森村誠一『新幹線殺人事件』（角川文庫『新幹線殺人事件』）

（33）ウィリアム・ブルリン『ストラング先生、盗聴器を発見す』（論創社『ストラング先生の謎解き講義』所収）

（34）西村京太郎『伊豆七島殺人事件』（光文社文庫『伊豆七島殺人事件』）

（35）日下圭介『悪夢は三度見る』（講談社文庫『悪夢は三度見る』）

（36）斎藤栄『日美子の少女まんが家殺人事件』（中公文庫『日美子の少女まんが家殺人事件』）

（37）山村美紗『竜神祭りの殺人』（講談社文庫『花嫁は容疑者』所収）

（38）藤原宰太郎『多摩湖山荘《ログハウス》殺人事件』（光文社文庫『多摩湖山荘《ログハウス》殺人事件』）

（39）斎藤栄『イエス・キリストの謎』（徳間文庫『イエス・キリストの謎』）、『金糸雀《カナリヤ》の唄殺人事件』（ケイブンシャ文庫『金糸雀《カナリヤ》の唄殺人事件』）

（40）コール夫妻『電話室にて』（論創社『ウィルソン警視の休日』所収）

（41）アーサー・B・リーヴ『拳骨《げんこつ》』（博文館『拳骨』）

（42）アーサー・ポージス『電話魔』（『ハヤカワ・ミステリ・マガジン』一九六六年一二月号に翻訳掲載）

（43）ダン・J・マーロウ『二度目の証言』

（『ハヤカワ・ミステリ・マガジン』一九七六年一二月号に翻訳掲載）
(44) 土屋隆夫『危険な童話』（光文社文庫『危険な童話』）
(45) マージェリー・アリンガム『ある朝、絞首台に』（創元推理文庫『キャンピオン氏の事件簿II　幻の屋敷』所収）
(46) G・K・チェスタートン『見えない男』（創元推理文庫『ブラウン神父の童心』所収）
(47) 草野唯雄『消えた郵便配達人』（双葉文庫『消えた郵便配達人』）
(48) エラリー・クイーン『一ペニー黒切手の冒険』（創元推理文庫『エラリー・クイーンの冒険』所収）
(49) 土屋隆夫『針の誘い』（光文社文庫『針の誘い』）
(50) 高木彬光『家探し』（角川文庫『殺意』所収）
(51) 菊池仁『妖怪博士の遺稿』（一迅社文庫『僕と先輩たちは主にハッケンしています。』所収）
(52) 西村京太郎『神話の里殺人事件』（角川文庫『十津川警部　神話の里殺人事件』）
(53) L・J・ビーストン『絶壁』（『宝石』一九六〇年五月号に翻訳掲載）
(54) 西村京太郎『名探偵なんか怖くない』（講談社文庫『名探偵なんか怖くない』）
(55) 藤原宰太郎『白い花と赤い花』（光文社文庫『拝啓 名探偵殿』所収）
(56) 山村美紗『偽装の殺人現場』（文春文庫『京都殺人地図』所収）
(57) 加納一朗『スパイのかくし金庫』（永岡書店『ホシを探せ』所収）
(58) 藤原遊子『コスモスの鉢』（論創社『藤原宰太郎探偵小説選』所収）
(59) 幾瀬勝彬『幻の魚殺人事件』（春陽文庫『幻の魚殺人事件』所収）

（60）日下圭介『花の復讐』（講談社文庫『花の復讐』所収）

（61）山村美紗『月下美人殺人事件』（徳間文庫『京都花の寺殺人事件』所収）

（62）鮎川哲也『下着泥棒』（光文社文庫『アリバイ崩し』所収）

（63）ヘンリー・スレッサー『花を愛《め》でる警官』（ハヤカワ文庫『ミニ・ミステリ100』採録）

（64）日下圭介『あじさいが知っている』（講談社文庫『花の復讐』所収）

（65）横溝正史『菊花大会事件』（柏書房『由利・三津木探偵小説集成4　蝶々殺人事件』所収）

（66）アガサ・クリスティー『四人の容疑者』（創元推理文庫『ミス・マープルと13の謎』所収）

山村美紗『弟切草の秘密』（光文社文庫『向日葵《ひまわり》は死のメッセージ』所収）

（67）レオ・ブルース『庭園の死』（『ハヤカワ・ミステリ・マガジン』一九八〇年四月号に翻訳掲載）

（68）結城昌治『私に触らないで』（ちくま文庫『あるフィルムの背景』所収）

（69）ミリアム・アレン・デフォード『夾竹桃《きょうちくとう》』（創元推理文庫『毒薬ミステリ傑作選』採録）

（70）アーサー・モリスン『レントン館盗難事件』（創元推理文庫『世界推理短編傑作集1』採録）

（71）ジャック・フットレル『隠された百万ドル』（作品社『思考機械【完全版】第二巻』所収）

（72）エドワード・D・ホック『空っぽの鳥籠を盗め』（創元推理文庫『怪盗ニック全仕事4』所収）

（73）マーヴィン・ダナ『第三の鸚鵡の舌』（『探偵文藝』一九二五年一〇月号〜一九二六年八月号に翻訳連載）

（74）日下圭介『嗤う鳥』（ノン・ノベル『猫が

嗤った』所収）
(75) E・C・ベントリー『りこうな鸚鵡』（国書刊行会『トレント乗り出す』所収）
(76) 山本周五郎『幽霊屋敷の殺人』（新潮文庫『黄色毒矢事件』所収）
(77) 森村誠一『致死鳥』（集英社文庫『うぐいす殺人事件』所収）
(78) ジャック・フットレル『失われたネックレス』（作品社『思考機械【完全版】第二巻』所収）
(79) 梶竜雄『あのハトを追え』（『小学五年生』一九七八年四月号掲載）
(80) 斎藤栄『運命の死角』（ノン・ポシェット『運命の死角』）
(81) 西東登『熱砂の渇き』（講談社文庫『熱砂の渇き』）
(82) 藤原宰太郎『名探偵ファーブル』（光文社文庫『拝啓 名探偵殿』所収）
(83) 草野唯雄『瀬戸内海殺人事件』（角川文庫『瀬戸内海殺人事件』）
(84) 戸板康二『黒い鳥』（集英社文庫『黒い鳥』所収）
(85) 赤沼三郎『霜夜の懺悔《ざんげ》』（論創社『赤沼三郎探偵小説選』所収）
(86) 本岡類『犬派猫派殺人事件』（双葉文庫『犬派猫派殺人事件』）
(87) アガサ・クリスティー『ケルベロスの捕獲』（早川書房・クリスティー文庫『ヘラクレスの冒険』所収）
(88) 佐野洋『紫の情熱』（ジョイ・ノベルス『七色の密室』所収）
(89) アーサー・ポージス『殺人者は翼を持たない』（荒地出版社『年刊推理小説ベスト20〈1962年版〉』採録）
(90) M・D・ポースト『法の垣を越えた男』（『探偵文藝』一九二五年七月号に「大盗自伝」の一篇として翻訳掲載）
(91) 土屋隆夫『地獄から来た天使』（創元推理文庫『土屋隆夫推理小説集成6 ミレイの囚人／あなたも探偵士になれる』所収）

(92)赤川次郎『三姉妹探偵団8・人質篇』(講談社文庫『三姉妹探偵団8・人質篇』)
(93)ハリイ・ケメルマン『梯子の上の男』(ハヤカワ・ミステリ文庫『九マイルは遠すぎる』所収)
(94)草野唯雄『黒十字架連続殺人事件』(徳間文庫『黒十字架連続殺人事件』)
(95)刑事コロンボ『攻撃命令』
(96)S・A・ステーマン『マネキン人形殺害事件』(角川文庫『マネキン人形殺害事件』)
(97)仁木悦子『猫は知っていた』(ポプラ文庫『仁木兄妹の事件簿　猫は知っていた』)
(98)スチュワート・マーティン『幸運の黒猫』(『探偵文藝』一九二六年三月号に翻訳掲載)
(99)エドワード・ウェア『猫の祟り』(『探偵文藝』一九二六年六月号に翻訳掲載)
(100)佐左木俊郎『熊の出る開墾地』(英宝社『熊の出る開墾地』所収)
(101)太田蘭三『殺人熊』(光文社文庫『警視庁北多摩署特捜本部　殺人熊』)
(102)草野唯雄『ハラハラ刑事危機一髪』(光文社文庫『ハラハラ刑事危機一髪』)
(103)日下圭介『黒い葬列』(光文社文庫『黒い葬列』所収)
(104)鮎川哲也『蟻』(角川文庫『鮎川哲也名作選11　囁く唇』所収)
(105)M・D・ポースト『大暗号』(論創社『ムッシュウ・ジョンケルの事件簿』所収)
(106)アントニー・ウィン『キプロスの蜂』(創元推理文庫『世界推理短編傑作集3』採録)
(107)和久峻三『老嬢の呪い』(ケイブンシャ文庫『悪女の証言』所収)
(108)アーサー・ポージス『小さな共犯者』(『ハヤカワ・ミステリ・マガジン』一九六五年一月号に翻訳掲載)
(109)森村誠一『神風の殉愛』(光文社文庫『鬼子母の末裔』所収)

(110) 日下圭介『蜂と手まり』(講談社文庫『花の復讐』所収)

(111) 藤原宰太郎『無人島の首なし死体』(光文社文庫『無人島の首なし死体』)

(112) 森村誠一『殺意を抽《ひ》く凶虫』(光文社文庫『二重死肉』所収)

(113) 由良三郎『殺人協奏曲ホ短調』(文春文庫『殺人協奏曲ホ短調』)

(114) 辻真先『迷犬ルパンと「坊っちゃん」』(光文社文庫『迷犬ルパンと「坊っちゃん」』)

(115) 笹沢左保『揺れる視界』(ケイブンシャ文庫『揺れる視界』)

(116) 山本周五郎『流星妖怪自動車』(新潮文庫『殺人仮装行列』所収)

(117) 桶谷繁雄『時間』(『宝石』一九六〇年二月号掲載)

(118) 赤川次郎『三毛猫ホームズの推理』(角川文庫『三毛猫ホームズの推理』)

(119) 西村京太郎『白鳥殺人事件』(双葉文庫『十津川警部推理行　愛と哀しみの信州』所収)

(120) 山村正夫『丹後半島鬼駒殺人』(講談社文庫『丹後半島鬼駒殺人』)

(121) アガサ・クリスティー『消えた金塊』(創元推理文庫『ミス・マープルと13の謎』所収)

(122) アーサー・ポージス『ささやかな死』(『ヒッチコックマガジン』一九六三年四月号に翻訳掲載)

(123) 草野唯雄『支笏湖殺人事件』(徳間文庫『支笏湖殺人事件』)、『擬装死体』(光文社文庫『擬装死体』)

(124) 姉小路祐『走る密室』(光文社文庫『走る密室』)

(125) アーサー・ポージス『消えた六〇マイル』(ハヤカワ・ミステリ文庫『アメリカ探偵作家クラブ傑作選7　密室大集合』採録)

(126) フランシス・M・ネヴィンズJr.『ブラック・スパイダー』(『EQ』一三号［一九

八〇年一月発行」に翻訳掲載）

(127) ヒュー・ペンティコースト『子供たちが消えた日』（ハヤカワ・ミステリ文庫『アメリカ探偵作家クラブ傑作選7　密室大集合』採録）

(128) 森村誠一『殺意の盲点』（講談社『森村誠一短編推理選集2　空白の凶相』所収）

(129) 吉村達也『「あずさ2号」殺人事件』（角川文庫『「あずさ2号」殺人事件』）

(130) 迫羊太郎『昇華した男』（徳間文庫『トラベル・ミステリー5　レールは囁く』採録）

(131) 岩藤雪夫『人を喰った機関車』（立風書房『新青年傑作選3　恐怖・ユーモア小説編』採録）

(132) 鮎川哲也『憎悪の化石』（光文社文庫『憎悪の化石』）

(133) 斎藤栄『死角の時刻表』（集英社文庫『死角の時刻表』）

(134) 西村京太郎『五能線の女』（新潮文庫『五能線の女』）

(135) 赤川次郎『幽霊列車』（文春文庫『幽霊列車』所収）

(136) 青池研吉『飛行する死人』（光文社文庫『甦る推理雑誌1「ロック」傑作選』採録）

(137) 江戸川乱歩『鬼』（光文社文庫『江戸川乱歩全集8　目羅博士の不思議な犯罪』所収）

コナン・ドイル『ブルース＝パーティントン設計図』（創元推理文庫『シャーロック・ホームズ最後の挨拶』所収）

横溝正史『探偵小説』（柏書房『横溝正史ミステリ短編コレクション3　刺青された男』所収）

(138) 西村京太郎『ミステリー列車が消えた』（新潮文庫『ミステリー列車が消えた』）

(139) 森村誠一『浜名湖東方15キロの地点』（徳間文庫『死の軌跡』所収）

(140) 蒼井雄『船富家の惨劇』（春陽文庫『船富

家の惨劇』）

（141）高木彬光『死美人劇場』（光文社文庫『神津恭介、犯罪の蔭に女あり』所収）

（142）津村秀介『松山着18時15分の死者』（講談社文庫『松山着18時15分の死者』）

（143）西村京太郎『赤い帆船《クルーザー》』（光文社文庫『赤い帆船《クルーザー》』）

（144）森村誠一『高層の死角』（角川文庫『高層の死角』）

（145）西村京太郎『十津川警部　海の挽歌』（トクマ・ノベルズ『十津川警部 日本縦断長篇ベスト選集05［沖縄］ 十津川警部 海の挽歌』）、『鎌倉・流鏑馬神事の殺人』（角川文庫『鎌倉・流鏑馬神事の殺人』）

（146）島田一男『上を見るな』（光文社文庫『上を見るな』）

（147）F・W・クロフツ『英仏海峡の謎』（創元推理文庫『英仏海峡の謎』）

（148）西村京太郎『ハイビスカス殺人事件』（トクマ・ノベルズ『ハイビスカス殺人事件』）

（149）西村京太郎『オートレック号の秘密』（徳間文庫『西村京太郎本格ミステリー傑作選　天国に近い死体』所収）

（150）刑事コロンボ『策謀の結末』

（151）大阪圭吉『動かぬ鯨群』（創元推理文庫『銀座幽霊』所収）

（152）西村京太郎『消えたタンカー』（光文社文庫『消えたタンカー』）

（153）フォルチュネ・デュ・ボアゴベイ『海底の重罪』（集栄館『海底の重罪』）

（154）ミルワード・ケネディ『無用の殺人』（創元推理文庫『探偵小説の世紀（上）』採録）

（155）西村京太郎『鬼女面殺人事件』（徳間文庫『鬼女面殺人事件』）

（156）ジャック・フットレル『幽霊自動車』（作品社『思考機械【完全版】第二巻』所収）

（157）新井リュウジ『幽霊自転車』（小学館ジュニア文庫『怪奇探偵カナちゃん』所収）

第五章

世界のユニーク探偵たち

名探偵紳士録

酔いどれ探偵

名探偵といえば、冷徹な知性の人物を想像しがちだが、そうした知性が感じられない、アルコール好きの酔いどれ探偵もいる。

その代表が、J・J・マローン。アメリカの女流作家クレイグ・ライスの『大あたり殺人事件』や『大はずれ殺人事件』などのユーモア・ミステリーで活躍する小男の弁護士である。タクシー運転手をしながら法律学校で勉強し、弁護士になった苦労人だ。

弁護士のくせに、毎晩、バーに入りびたってごきげんで鼻歌をうたい、酒がまわりすぎると、からっきし腕力がないくせに、けんかを吹っかけては、ひと晩、警察の留置場でご厄介になる。

酔っぱらうたびに奇妙な殺人事件に巻きこまれて、ヘマばかりしながらも、なんとか最後には犯人をつきとめるのである。素面《しらふ》のときより、二日酔いのほうが、断然、推理がさえるのだ。迎え酒が第六感のひらめきを呼ぶのだろう。まことに愉快な愛すべき酒仙探偵である。

酔いどれを通りこして、アルコール中毒になったのが、『酔いどれ探偵 街を行く』に登場するカート・キャノン探偵である。

昔はすご腕の私立探偵だったが、女房の浮気の現場をみつけて、相手の男をピストルで殴りつけ、暴行傷害罪で探偵の免許証《ライセンス》を取りあげられて、いまはニューヨークの裏町で、住む家もなく、酒におぼれる生活を送っている。

ひと瓶の安ウイスキーがほしくなれば、自分の血液を売ってでも飲む。そんな彼のところにも、昔のなじみが、トラブルに巻きこまれると助けを借りにくるのだ。

「ごらんのとおり、おれはアル中のルンペンだ。もめごとの解決なら、素面《しらふ》でちゃんと立ってるご立派な探偵さんに頼むんだな」

と、一度はことわるが、情にもろい彼は仕方なく引き受けて、破れた靴で捜査にのり出す。どん底の人情家の探偵である。

もっとひどいアルコール中毒の探偵に、アメリカ私立探偵小説大賞を受賞したローレンス・ブロックの『八百万の死にざま』や『暗闇にひと突き』などに登場するマット・スカダーがいる。

ニューヨーク市警の刑事をやめたあとは、完全なアルコール中毒になって、私立探偵の免許証《ライセンス》も持たずに、一匹オオカミのように事件を捜査するところは、カート・キャノンと同じだが、こちらの中毒症状はもっと深刻である。

シルバー探偵

ジェイク・スパナーは、一九八二年度のアメリカ探偵作家クラブ賞をうけたL・A・モースの『オールド・ディック』に登場する老探偵だ。年齢は、なんと七八歳。ハードボイルド史上、最年長の私立探偵である。

高齢のため足腰はいささか弱って、一五年前に探偵稼業から身をひいたが、それでも事件を頼みにくる依頼人がいる。昔、刑務所へ送りこんだことのあるギャングの老ボスだ。孫を誘拐されたから助けてくれと泣きつかれては、昔のくされ縁で、ひと肌ぬがざるをえない。

ひとたび捜査に乗りだすと、昔とったキネヅカで、心身ともに活発化して元気印《じるし》になり、転んでもただでは起きないしたたかな老人パワーを発揮する。だてに齢は取っていない。

タフで生きのいいハードボイルド探偵もいいが、たまには、こんな渋く枯れたシルバー探偵ものも、人生の深い味わいがあって、なかなか痛快である。高齢化社会が進む中、これからは老人探偵がもっと増えるのではなかろうか。

盲目探偵

名探偵の中には、特異な個性をもつ人物が少なくない。たとえば、盲目の探偵である。その第一号は、イギリスの作家アーネスト・ブラマの短編集『マックス・カラドスの事件簿』に登場する名探偵マックス・カラドスだ。彼は乗馬中に、先をいく友人が払いのけた木の枝がはね返って目に当たり、失明したのである。

後天的な盲人だが、彼のカンの鋭さはすばらしい。視覚を失ったために、ほかの感覚が異常なまでに研《と》ぎすまされたのである。とくに指先の敏感さは驚異的で、手紙や印刷物などは指先でなでて読む。インクや活字のごく微細な凹凸が指先の感覚でわかるのだ。

目が不自由なだけに、見せかけの印象にまどわされることなく、純粋な推理で事件の核心をつくのだ。彼の両眼は、ふだんは空漠としているが、ひとたび推理の霊感がひらめくと、虹《にじ》のようなふしぎな光彩を放つのである。

このほかの盲目探偵には、ベイナード・ケンドリックのダンカン・マクレーン、吉野《よしの》賛十《さんじゅう》の花輪《はなわ》正一《しょういち》、藤木禀の朱雀《すざく》十五《じゅうご》がおり、麻耶《まや》雄嵩《ゆたか》の『隻眼の少女』は片方の目が見えない御陵《みささぎ》みかげが探偵役をつとめる。

マックス・カラドスが活躍する最初の短編集が出版されたのは一九一四年である。当時の推理小説ファンは、この盲目の探偵の出現にびっくりしたのか、これ以後、特異な能力を発揮する探偵がつぎつぎに登場するようになったのである。

その中で、ひときわ名探偵ぶりを発揮するのが、エラリー・クイーンの名作『Xの悲劇』や『Yの悲劇』などに登場するドルリー・レーンである。シェークスピア劇の名優だった彼は、耳がまったく聞えないので、よけいな雑音にさまたげられることなく、目さえつむれば完全な沈黙の世界で推理力を集中できるのである。

最年少の探偵

腕白《わんぱく》な小学生たちが探偵ごっこをする話は、児童もののミステリーにたくさんあるが、大人もののミステリーで、そんな小学生より、もっとチビっ子の豆探偵が二人もいるとしたら、読者はさぞびっくりするだろう。

一人目は、あっちゃんこと星川厚子《ほしかわあつこ》。田中雅美《たなかまさみ》の《あっちゃん》シリーズの主人公で、第一作の『あっちゃんの推理ポケット』でデビューしたとき、わずか五歳の幼稚園児だった。幼稚園のクラスメートがバスにひかれた事件で、あっちゃんは子ども心に疑問をいだいて、元気印のママといっしょに幼児特有の直感力で事件の真相をつきとめるのである。

シリーズが進むにつれ、あっちゃんも成長し、第三作『あっちゃんの推理ノート』では小学一年生になる。

全五作とも、大人がふだん気がつかないことや、うっかり見逃してしまっていることを幼児の視点でとらえて、それが事件の謎をとくヒントになるところがおもしろい。

もう一人は、シンちゃんこと渋柿信介《しぶがきしんすけ》。幼稚園児にして、ハードボイルドを気取る私立探偵だが、当然、免許証《ライセンス》はもっていない。

第一作『私が捜した少年』での初登場時は五歳だったが、第二短編集『クロへの長い道』では六歳になっている。

作者は二階堂黎人。古式ゆかしい本格ミステリーを得意とするだけあり、《あっちゃん》シリーズに比べ、謎の設定や伏線の張り方がこっている。また、作品タイトルは有名ミステリーのパロディとなっており、マニア向けの遊び心に満ちている。

探偵料にチョコレート、必要経費としてガムを請求するというのが、幼児らしい。

名なし探偵

ミステリーには、なぜか主人公の名探偵に名前のついていない名なしの探偵がいる。

その代表が、ハードボイルドの元祖ダシール・ハメットが生みの親であるコンティネンタル・オプだ。

オプというのはオペラティヴ（保険調査員）の略語だが、この場合は探偵の意味で使われている。

小説の中では、つねに「私」という一人称で登場する。「太っていて、四〇前後」の男であることのほかは、いっさい不明である。会話の中で相手が話しかけても、名前を呼ばないように、作者はうまくごまかして書いてあるのだ。

まるで透明人間みたいな探偵だが、それでいて、読者にはその探偵の性格がなんとなくわかるようになっている。

同じ名なしの探偵に、ビル・プロンジーニの名なしのオプがいる。ネオ・ハードボイルドの私立探偵で、独身の中年男、唯一の趣味が古いミステリー雑誌の収集である。ヘビースモーカーだったが、いまは肺ガンをおそれて禁煙中である。

なぜ主人公に名前をつけないのか？　その理由について、作者のプロンジーニはつぎのように言っている。

「主人公にふさわしい名前をどうしても思いつけなくて、それで仕方なく、名なしにしたんだよ」

ところが、この名なしのオプは、コリン・ウィルコックスとの共著になる別のシリーズに登場するときは、共演のヘイスティング警部から、「ビル」と実名で呼びかけられている。ビルといえば、作者プロンジーニのファースト・ネームである。

とすると、この名なしのオプは、日本の私小説のように、作者プロンジーニが自分のすべてを投影させた人物かもしれない。

トラベル探偵

十津川警部といえば、トラベル・ミステリー、とくに鉄道ミステリーで活躍する名探偵である。本名は十津川省三《しょうぞう》。東京の警視庁捜査一課に所属しているのに、列車が走っているところなら、全国津々浦々、どこへでも飛びまわって捜査する。全国の警察官の中で、おそらく出張費をいちばん多く使っている刑事ではなかろうか。

その身軽さは日本国内にとどまらず、『オリエント急行を追え』、『パリ発殺人列車』、『十津川警部・怒りの追跡』、『韓国新幹線を追え』などでは、海外へも出かけている。

列車と縁が深い十津川警部だが、不思議なことに、デビュー当初は『赤い帆船《クルーザー》』や『消えたタンカー』、『消えた乗組員《クルー》』など、作品のタイトルからもわかるように、海の犯罪を捜査するのが得意だった。

それというのも、大学時代、ヨット部員だった経験を見込まれたからである。その〝海の男〟が鉄道犯罪の捜査をするようになったのは、昭和五三年に発表された『寝台特急《ブルートレイン》殺人事件』からで、まるでカッパが陸《おか》にあがったような変身ぶりだった。

作者の西村京太郎は、当初、この十津川警部をシリーズものの主人公として書くつもりがなかったらしく、作品によっては、ちぐはぐな描写がいくつか目につく。

たとえば、十津川警部の血液型だが、『寝台特急「銀河」殺人事件』ではO型になっているのに、その直後に書かれた『南伊豆高原殺人事件』ではB型になっている。また、毎回コンビを組む〝カメさん〟こと亀井刑事との年齢差も、年上になったり、年下になったりしている。

こうした矛盾については、作者も作品がつぎつぎにベストセラーになるにつれて、さすがに困ったらしく、『夜間飛行《ムーンライト》殺人事件』で十津川警部を結婚させ、年齢も四〇歳にきめてから年をとらせていない。

この程度の食いちがいならば、量産作家にはよくあることだが、ミステリーは本来、こまかいデータでも正確さが要求されるものである。その点、西村氏はまことに大らかな人で、枝葉末節《しようまっせつ》のことにはとんちゃくしない性格らしい。じつは、このことが彼のトラベル・ミステリーの人気の秘密でもあるのだ。

それまでの鉄道ミステリーは、時刻表を綿密に駆使したアリバイ・トリックが中心だった。その綿密さの故に、ストーリーが退屈で息苦しい作品が多かった。

その点、十津川警部シリーズものには、そんな息苦しさがない。じっくり読んでみると、トリックの構成が荒っぽく、人物の行動やキャラクターの設定などにも矛盾したほころびが目立つが、とにかく事件のスケールが大きく、しかも捜査の展開がスピーディーなので、あれよあれよというまに読み終わってしまう。

鈍行列車が各駅に停車するように、こまかいことをいちいち気にせず、それこそ新幹線なみに、すこしぐらいの矛盾点などは無視して猛スピードでつっ走る。それが十津川警部シリーズの人気の秘密ではなかろうか。

リッチ探偵

古い映画やテレビ・ドラマに登場する日本の刑事といえば、よれよれのレインコートを着て、靴底をすりへらしながら聞き込み捜査に歩くのが通り相場になっていた。

ところが、ここに一人、とてつもなくリッチな刑事が現われた。筒井《つつい》康隆《やすたか》の短編集『富豪刑事』に登場するする神戸《かんべ》大助《だいすけ》刑事だ。なにしろ大富豪の一人息子だから、お金はそれこそ湯水のように使えるのだ。

とは言っても、女やギャンブルにうつつを抜かすプレイボーイ刑事ではない。大金を浪費するのは、あくまで犯人を逮捕するのが目的である。

彼の老父は若いころ、あくどい手段で巨万の財産を築いたので、いまはそれを反省して、なにか罪ほろぼしをしたい心境になっている。さいわい息子が刑事になって、社会正義のために働いていているので、その捜査活動の役に立つなら全財産を投げ出してもいいと思っているのだ。

誘拐犯人が要求する身代金を、被害者に代わって気前よく用立ててやったり、犯人をおとり捜査の罠にはめるため、会社をひとつ設立して、犯行現場とそっくり同じビルを新築したり、ケタはずれの大金を捜査につぎこむ。

こんな気前のいいリッチな刑事が部下にいたら、上司は捜査費の節約に頭を痛めることがなくて大助かりである。

予算の枠にしばられずに大金をつぎこめば、犯人逮捕もスピーディーにやれるという皮肉を込めた、痛快なパロディである。

幽霊探偵

殺人事件で犯人の逮捕をいちばん強く望んでいるのは、刑事や私立探偵でもなければ、その遺族でもない。殺された被害者当人ではなかろうか。もし寝ている間に殺されたり、背後から不意に射殺されて、犯人の顔を見ていなかったら、
〈おれを殺したやつは、だれだ？〉
と、無念の思いがあって、犯人の正体がわかるまでは成仏できないにちがいない。
まして警察の捜査がもたついていると、被害者の霊魂はじだんだを踏んで歯がゆい思い

をするだろう。それなら、いっそのこと自分で犯人をつきとめてみたくなるにちがいない。

こんなアイディアから生まれたのが幽霊探偵である。J・B・オサリヴァンの『憑《つ》かれた死』と、ガイ・カリンフォードの『死後』に登場する。二作とも、ピストルで射殺された直後、死体から魂がはなれて、聴覚と視覚をもった幽霊となって、自分を殺した犯人を捜査するのである。

自分の死が家族や友人に与えた混乱や反応を皮肉な目で傍観したり、自分の浮気がばれて赤面したり、死後の悪評や親友の裏切りを知って腹をたてたり、あるいは未亡人になった妻の行動を焼きもち半分に監視したりと右往左往する。警察の見当ちがいの捜査にじりじりしながら、最後は真犯人に思い当たって、幽霊らしい報復をするのである。

国産のミステリーでは、斎藤栄の『謎の幽霊探偵』がある。

なにしろ時間と空間を超越した霊魂が探偵では、どのようなベテラン刑事や天才探偵も太刀《たち》打ちができない。被害者の幽霊こそは、名探偵中の名探偵である。

名探偵の死

エルキュール・ポワロといえば、ミステリの女王アガサ・クリスティーが一九二〇年に発表した処女作『スタイルズ荘の怪事件』に登場して以来、自慢の〝灰色の脳細胞〟で数々の難事件を解決して、世界中の推理小説ファンをうならせた名探偵である。

ポワロが活躍する単行本は三七冊（長編が三三冊、中・短編集が四冊）あるが、とくに有名なのが『アクロイド殺し』、『オリエント急行の殺人』、『白昼の悪魔』などである。

だが、その名探偵ポワロも、一九七五年に発表された『カーテン』では、おしゃれで快活だった昔の面影はなく、車イスに座る老人に変わりはてて、事件の幕引きとともに死ぬ。

世界中の人気者だった名探偵を、なぜ作者は非情にも死亡させたのであろうか？　その理由について、生前のクリスティーは、

「わたしの死後も、ポワロが生きながらえることは認めたくないし、ほかの人が彼をモデルにして書きつぐのは許しません」

と、語っていたそうだ。

つまり、クリスティーは自分が創造した名探偵を愛惜するあまり、自分の死とともに消滅させたかったのである。事実、クリスティーは最初、この『カーテン』を自分の死後に発表するつもりで秘蔵していたのである。

だが、出版社の強い要請があって生前に刊行を許可したのだが、はからずもその翌年、クリスティー自身も八五歳で死亡したのである。

この遺志もむなしく、クリスティー財団は新作の存在を公認し、現在、ソフィー・ハナによって『モノグラム殺人事件』などの長編が書かれている。

作者が自分の生み出した名探偵を作中で殺すことは、なにもこれが最初ではない。エラリー・クイーンは、名作『Xの悲劇』や『Yの悲劇』で活躍した難聴の名探偵ドルリー・レーンを、『レーン最後の事件』で死亡させている。

コナン・ドイルも短編『最後の事件』で、名探偵シャーロック・ホームズをあっさり死亡させている。スイスにあるライヘンバッハの滝から、宿敵モリアーティ教授と取っ組みあって転落死したことにしたのだ。

これでホームズ物語の連載を一旦は打ち切って、自分の書きたい歴史小説などを書いていた。読者からホームズの復活を望む声があがってもそれにこたえずにいたが、一〇年ほどを経て編集者から高額の原稿料の申し出があった際には心境の変化があったのか、ホームズを生き返らせて、続編を書きつづけることにした。しかし、復活後のホームズは微妙に性格が変わっており、別人説も唱えられている。

横溝正史は長編『病院坂の首縊りの家』で金田一耕助を渡米させ、そのまま行方知れずにしている。血なまぐさい事件の解決に疲れた名探偵を、そろそろ引退させてやろうという、作者の親心の表われだったのだろうか。

なお、横溝正史は都筑道夫との対談で「パロディでも何でもいいですから、いまから書いてくださってもいいんですよ。いままでのイメージをこわさない程度にね。書いてくださるんなら、光栄の至りだと思いますよ」と述べている。この言葉を受けてか、作者の死後も、さまざまな作家が金田一耕助の活躍を書いている。

また、横溝正史は人形佐七捕物帳でも、同様に主人公を失踪させている。第三三作『漂流奇譚』が雑誌掲載された際、佐七に十手捕縄を返上させ、妻のお粂や二人の乾分《こぶん》と一緒に旅立たせているのだ（この結末は、単行本収録時に修正されている）。しかし、それ以後も続編は書き継がれ、このラストシーンはなかったことにされている

ヘビースモーカー探偵

現在はタバコの害が宣伝されて、愛煙家は肩身のせまい思いをしているが、その影響は推理小説の世界にもみられる。

ひと昔前まではヘビースモーカーの名探偵が多かったのに、近ごろはタバコを吸う探偵はめっきり少なくなったからだ。

シャーロック・ホームズやメグレ警視は、もっぱらパイプ・タバコを愛用し、江戸の名探偵・銭形平次親分は、安もののキザミ・タバコをキセルで尻の穴から煙が出るほど吹かしていたし、テレビ映画で有名なコロンボ警部は、短くなった葉巻をいつも口にくわえて現場検証にのぞみ、ところかまわず灰を落としても平気でいる。

『獄門島』や『犬神家の一族』などの難事件を数多く解決した、名探偵・金田一耕助もへ

ビースモーカーで、タバコ代に困るとアパートの管理人から金を借りたり、懇意の等々力《とどろき》警部からタバコをもらったり、とにかくタバコが好きだった。

一九八七年発売のコンピューターゲーム『新宿中央公園殺人事件』での初登場以来、一五作を越えるシリーズ作品で活躍する神宮寺三郎《じんぐうじさぶろう》は、新宿歌舞伎町に事務所をかまえる私立探偵だが、ニューヨークで探偵助手として捜査のノウハウを学んでおり、その実力は折り紙つきである。

かなりのヘビースモーカーであり、愛用のマルボロを吸いながら、複雑にもつれあった事件の謎を推理する。ボクシングが得意なタフガイで、語学や事務能力に秀でた美人の助手もいるハードボイル派の探偵だ。

喫煙者には肩身がせまい現在、シャーロック・ホームズや金田一耕助、神宮寺三郎のような愛煙家の名探偵はすっかり影をひそめた。ビル・プロンジーニの『誘拐』や『失踪』、『殺意』などで活躍する中年の私立探偵・名なしのオプはヘビースモーカーだったのに、いまではせきが出るたびに、肺ガンではないかとおびえながら、必死に禁煙をまもっている。

やっぱり名探偵には、たとえ不健康であっても、ちょっぴりキザなポーズがとれる小道具があったほうが似つかわしい。

世界の偉人は名探偵

推理小説の魅力は、トリックの謎をとく知的なスリルとともに、名探偵の活躍にある。その探偵がミステリー作家の創造した架空の人物ではなく、歴史に名を残した実在の人物であれば、いっそう興味ぶかい。

歴史に名を残すほどの人物なら、その波乱にみちた生涯に一度は不思議な事件にぶつかり、その特異な才能を発揮して、事件の謎を推理したことがあるにちがいない。このアイディアから生まれたのが、史上の有名人を探偵役にした推理小説である。

その代表作にシオドー・マシスンの短編集『名探偵群像』がある。アレキサンダー大王、万能の天才レオナルド・ダ・ビンチ、白衣の天使ナイチンゲール、アフリカの探検家リビングストンなど、いろいろな分野の偉人が、その強烈な個性と特異な才能を発揮して、それぞれ難事件をみごとに解決するのである。

第13回江戸川乱歩賞を受賞した海渡英祐《かいとえいすけ》の『伯林《ベルリン》――一八八八年』も、歴史ミステリーの名作である。

明治の文豪・森鷗外が青年時代、医学生としてドイツに留学中、ベルリン郊外の古城でおきた密室殺人事件の謎を推理するのである。鷗外ファンには見逃せない作品だ。同じ作者には、海道一の大親分といわれた清水の次郎長を探偵にした短編集『次郎長開化事件簿』がある。

森鷗外より夏目漱石のほうが好きだという人には、歴史ミステリーを得意とする楠木誠《くすのきせい》一郎《いちろう》の『名探偵夏目漱石の事件簿　象牙の塔の殺人』がおすすめだ。

明治時代の東京を舞台に、夏目漱石が連続殺人事件の謎に挑むのだが、寺田寅彦や泉鏡花など、同時代の文筆家も多数登場する。

同じ作者の《タイムスリップ探偵団》第一作『坊っちゃんは名探偵！』には、少年時代の夏目漱石が登場する。タイムスリップした少年探偵団と一緒に、誘拐された樋口奈津（樋口一葉の本名）を助け出すのだ。森鷗外が登場して夏目少年にヒントを与えたり、名作『坊っちゃん』に絡ませたオチを用意したり、サービス精神も満点。史実とフィクションのおり混ぜ方が絶妙で、小中学生向け作品ながら、あなどれない作品である。

芥川龍之介のファンには、井沢元彦の『ダビデの星の暗号』をおすすめする。これは若き天才作家・芥川龍之介が、その博識と鋭利な推理によって、日本史上に名高い伊達騒動の裏面にかくされた謎をとくミステリーである。

また同じ作者の『五つの首』と短編集『修道士の首』では、戦国時代の英雄である織田信長が、するどい直観力と合理的な判断力で難事件や怪事件の謎を快刀乱麻のごとく解決するのである。

源氏物語の愛読者には、第４回サントリー・ミステリー大賞の読者賞に入選した長尾誠《ながおせい》夫《お》の『源氏物語人殺し絵巻』が、たいへん興味ぶかい作品だろう。源氏物語の世界でおきる連続殺人事件の謎を、なんと、その物語の作者である紫式部が探偵役になって推理するのである。

国文学者の岡田鯱彦《おかだしゃちひこ》の長編『薫大将と匂の宮』では、平安朝の二人の才女、紫式部と清少納言が推理くらべをくり広げる。

第31回江戸川乱歩賞を受賞した森雅裕《もりまさひろ》の『モーツァルトは子守唄を歌わない』は、ベートーベンが探偵役になって、楽聖モーツァルトの怪死にまつわる陰謀をあばくのである。あの個性のつよいベートーベンが、どんな名探偵ぶりを発揮するのか、クラシック音楽ファンなら、ぜひとも読んでみたくなる。

上宮真人《うえみやまさと》の短編集『盗まれた国書』では、聖徳太子が名探偵になって古代史の怪事件に挑戦するのだが、この聖徳太子が関西弁でおしゃべりするところが、なかなかユニークである。

そういえば、ヤマト朝廷は関西にあったのだから、聖徳太子をはじめ朝臣たちが関西弁でしゃべるのは当たり前といえば当たり前である。

同じ作者には、額田王が有馬皇子の謀叛や定恵法師の死など、飛鳥時代を舞台にした短編集『額田王の挑戦』もある。

歴史ミステリーの連作集『邪馬台国はどこですか?』でデビューした覆面作家の鯨統《くじらとう》

一郎《いちろう》は、小坊主時代の一休宗純を探偵役にした《とんち探偵一休さん》シリーズを書いており、第一作「金閣寺に密室《ひそかむろ》」では、金閣寺の密室で首吊り死体となって発見された、室町幕府第三代目将軍・足利義満の死の謎を一休が解き明かす。

詳しく紹介するスペースがなくなってしまったが、草野唯雄の『罪九族におよぶ』や『トルストイ爺さん』、『文豪、挫折す』も、実在の文豪や有名人が数多く登場するので、近代文学に興味があるなら、一読をおすすめする。

あとがき

推理ミステリーに興味を持ち、この本を手に取ってくれたみなさん。

長い歴史をもつ推理小説にまつわる雑学やウンチクの数々はいかがでしたか？

最後まで読んでくれてありがとうございます。


この本は、私の父である藤原宰太郎が一九九〇年に書いた『真夜中のミステリー読本』の改訂新版です。

原本が刊行されてから三〇年の間で、世の中には携帯電話やインターネットなどが普及し、私たちの暮らしは当時からは想像もできないくらい便利になりました。

推理小説も紙の本で読む時代から電子書籍で読む時代になり、むしろ翻訳や新作も電子書籍でしか読めない作品が増えています。

そうした二一世紀のIT社会にも通用するミステリーの案内書《ガイド》を作りたいという父の遺志を引き継ぎ、娘の私が加筆や訂正、および項目の削除を行い、『真夜中のミステリー読本』を生まれ変わらせました。

父・藤原宰太郎は、推理小説家であると同時に、古今東西のミステリーを読みあさり、その中に出てくるトリックを収集し分類する推理トリック研究家でもありました。

何千冊という膨大なミステリー本で埋め尽くされた父の書斎はとても不思議な空間で、たとえば荷台に部屋の鍵をのせたラジコンのトラックとか、倒れた植木鉢から妙な方向に生えてきている植物とか、砂をパンパンにつめた靴下とか、そんなヘンテコなものがいつも転がっていました。

そして、床に散らばった原稿用紙の裏には、死体の絵が書きなぐってあったり……。

幼い頃の私は、なんだか気味の悪い部屋だなと敬遠しがちでしたが、今から思えば、父は小説の中のトリックを実証したり、自分なりの新しいトリックを考え出したりしていたのでしょう。

それらの自作のトリックをもとに書き上げたのが《名探偵・久我京介シリーズ》で、これはテレビドラマにもなりました。主役の久我京介はトリック研究家で、書斎にこもって推理小説ばかり読んでいるという、まさに父の分身のようなキャラクターで、話を聞いただけで難事件を解決していく安楽椅子探偵です。

実際の父も、用事のない限りはほとんど書斎から出ることなく、一日中トリックのことを考えているような人でしたから、世事や流行にはとても疎く、小説の中の事件現場は自分の故郷や母校であったり、登場人物の女子大生は性格も趣味も娘の私そのままのプロフィールであったり、娘と同じ名前の女性を殺してみたり、と自分の身近なネタばかりを小説に使うので、家族にとってはかなり迷惑でしたが、今となってはいい思い出です。

そんなふうにミステリーと愚直に向き合い続けた父がよく言っていたのが、「推理トリックはどんな芸術にも負けない文化遺産である」ということでした。

一八四一年にアメリカの詩人エドガー・アラン・ポーが世界初の推理小説「モルグ街の殺人」を書いて以来一八〇年近く、世界中の作家たちが知恵をしぼり、奇想をひねってあまたのミステリー小説を生み出し、多くの人々が熱中し読み継いできたことが、それを証明しているのだと。

謎解きの面白さと奥深さを世の中に広く紹介することこそが自分のライフワークであり、その集大成である「トリック百科事典」を書き上げるのが夢だとも言っていました。

たしかに今の日本でも推理ものは人気があって、たくさんの魅力的な探偵たちがテレビや映画の中で活躍していますよね。

ドラマでは個性豊かな刑事が、アニメでは大人気の少年探偵が、いつでも鮮やかに謎をといて私たちをわくわくドキドキさせてくれます。

でも、世界にはまだまだたくさんの名探偵がいるのです。オーギュスト・デュパンをはじめ、シャーロック・ホームズにエルキュール・ポワロ、明智小五郎、金田一耕助、神津恭介……などなど。

本の中では、じつに多彩な名探偵たちが心躍るような活躍をし、その後継者となる新しい探偵たちも次々に生まれ続け、あなたがページをひらくのを待っています。

ようこそ、ミステリーの大海原《おおうなばら》へ。

本書がその羅針盤になってくれれば、著者の一人としてうれしく思います。

最後になりましたが、本書の改訂作業にあたって、飯城勇三、荻巣康紀《おぎすやすのり》、北原尚彦《きたはらなおひこ》、内《ない》藤三津子《とうみつこ》、浜田知明《はまだともあき》の各氏にお力添えいただきました。記して感謝いたします。

二〇一九年十二月一日

藤原遊子

［参考文献］
『探偵小説通』松本泰（四六書院）
『幻影城（正・続）』江戸川乱歩（岩谷書店）
『随筆探偵小説』高木彬光（鱒書房）
『現代推理小説の歩み』サザランド・スコット／長沼弘毅 訳（東京創元社）
『ホシをさがせ』加納一朗（永岡書店）
『ミステリ散歩』各務三郎（文泉）
『推理小説百科』九鬼紫郎（金園社）
『推理小説雑学事典』中村勝彦 監修（広済堂出版）
『アガサ・クリスティー自伝（上・下）』アガサ・クリスティー／乾信一郎 訳（早川書房）
『推理小説を科学する』畔上道雄（講談社）
『現代推理小説論』権田萬治（第三文明社）
『ハードボイルドの雑学』小鷹信光（グラフ社）
『シャーロック・ホームズの履歴書』河村幹夫（講談社）
『娯楽としての殺人』ハワード・ヘイクラフト／林峻一郎 訳（国書刊行会）
『ブラッディ・マーダー』ジュリアン・シモンズ／宇野利泰 訳（新潮社）
『アガサ・クリスティー百科事典』数藤康雄（早川書房）
『エラリー・クイーン パーフェクトガイド』飯城勇三編 著（ぶんか社）
『刑事コロンボ完全捜査ブック』町田暁雄 監修（宝島社）
『シャーロック・ホームズ完全解析読本』北原尚彦 監修（宝島社）
『シャーロック・ホームズ入門百科』小林司、東山あかね（河出書房新社）
『オール・ミステリ海外作家短編インデックス決定版』荻巣康紀 編（私家版）

藤原宰太郎（ふじわら・さいたろう）

1932年3月6日、広島県尾道生まれ。本名は宰（おさむ）。早稲田大学露文科卒業後、病気療養のため帰郷し、国内外の推理小説を渉猟しながら『探偵倶楽部』や『宝石』などの雑誌へ短編を発表する。86年には初の書下ろし長編『密室の死重奏（カルテット）』を刊行。一時的な休筆期間を経て、寡作ながら別名義で創作活動を再開するが、2008年に脳梗塞を患い断筆する。2019年5月21日死去。

藤原遊子（ふじわら・ゆうこ）

藤原宰太郎の長女。早稲田大学社会科学部卒業。コピーライター。

改訂新版　真夜中のミステリー読本

2019年12月20日　初版第1刷印刷
2019年12月25日　初版第1刷発行

著　者——藤原宰太郎、藤原遊子

発行人——森下紀夫

発行所——論創社

〒101-0051　東京都千代田区神田神保町2-23　北井ビル
tel. 03(3264)5254　fax. 03(3264)5232
振替口座 00160-1-155266　http://www.ronso.co.jp/

ブックデザイン——奥定泰之

校正——浜田知明

組版——フレックスアート

印刷・製本——中央精版印刷

©Yuko Fujiwara, Printed in Japan

ISBN 978-4-8460-1886-3

落丁・乱調本はお取り替えいたします。

論　創　社

藤原宰太郎探偵小説選◉藤原宰太郎

論創ミステリ叢書 113　短編ミステリの精髄を知り尽くした推理小説研究家による珠玉の作品集！　初の長編『密室の死重奏』を 32 年ぶりに復刊し、巻末には著者インタビューを付す。　**本体 4000 円**

至妙の殺人 妹尾アキ夫翻訳セレクション◉ビーストン&オーモニア

論創海外ミステリ 240　物語を盛り上げる機智とユーモア、そして最後に待ち受ける意外な結末。英国二大作家の短編が妹尾アキ夫の名訳で 21 世紀によみがえる！［編者＝横井司］　**本体 3000 円**

推理ＳＦドラマの六〇年◉川野京輔

ラジオ・テレビディレクターの現場から　著名作家との交流や海外ミステリドラマ放送の裏話など、ミステリ&ＳＦドラマの歴史を繙いた年代記。日本推理作家協会名誉会員・辻真先氏絶讃！　**本体 2200 円**

ミステリ読者のための連城三紀彦全作品ガイド◉浅木原忍

第 16 回本格ミステリ大賞受賞　本格ミステリ作家クラブ会長・法月綸太郎氏絶讃！「連城マジック＝『操り』のメカニズムが作動する現場を克明に記録した、新世代への輝かしい啓示書」　**本体 2800 円**

悲しくてもユーモアを◉天瀬裕康

文芸人・乾信一郎の自伝的な評伝　探偵小説専門誌『新青年』の五代目編集長を務めた乾信一郎は翻訳者や作家としても活躍した。熊本県出身の才人が遺した足跡を辿る渾身の評伝！　**本体 2000 円**

本の窓から◉小森　収

小森収ミステリ評論集　先人の評論・研究を読み尽くした著者による 21 世紀のミステリ評論。膨大な読書量と知識を縦横無尽に駆使し、名作や傑作の数々を新たな視点から考察する！　**本体 2400 円**

スペンサーという者だ◉里中哲彦

ロバート・Ｂ・パーカー研究読本　シリーズの魅力を徹底解析した入魂のスペサー論。「スペンサーの物語が何故、我々の心を捉えたのか。答えはここにある」──馬場啓一。　**本体 2500 円**

好評発売中

論　創　社

ヴィンテージ作家の軌跡◉直井　明

ミステリ小説グラフィティ　ヘミングウェイ「殺し屋」、フォークナー『サンクチュアリ』、アラン・ロブ＝グリエ『消しゴム』……。純文学からエラリー・クイーンまでを自在に説いたエッセイ評論集。　本体 2800 円

スパイ小説の背景◉直井　明

いかにして名作は生まれたのか。レン・デイトンやサマセット・モーム、エリック・アンブラーの作品を通じ、国際情勢や歴史的事件など、スパイ小説のウラ側を丹念に解き明かす。　本体 2800 円

新 海外ミステリ・ガイド◉仁賀克雄

ポオ、ドイル、クリスティからジェフリー・ディーヴァーまで。名探偵の活躍、トリックの分類、ミステリ映画の流れなど、海外ミステリの歴史が分かる決定版入門書。各賞の受賞リストを付録として収録。　本体 1600 円

『星の王子さま』の謎◉三野博司

王子さまがヒツジを一匹欲しかったのはなぜか？　バオバブの木はなぜそんなに怖いのか？　生と死を司る番人ヘビの謎とは？　数多くの研究評論を駆使しながら名作の謎解きに挑む。　本体 1500 円

フランスのマンガ◉山下雅之

フランスのバンデシネ、アメリカのコミックス、そして日本のマンガ。マンガという形式を共有しながらも、異質な文化の諸相を、複雑に絡み合った歴史から浮かびあがらせる。　本体 2500 円

誤植文学アンソロジー　校正者のいる風景◉高橋輝次

誤植も読書の醍『誤』味？　一字の間違いが大きな違いとなる誤植の悲喜劇、活字に日夜翻弄される校正者の苦心と失敗。著名作家が作品を通じて奥深い言葉の世界に潜む《文学》の舞台裏を明かす！　本体 2000 円

私の映画史◉石上三登志

石上三登志映画論集成　ヒーローって何だ、エンターテインメントって何だ。キング・コング、ペキンパー映画、刑事コロンボ、スター・ウォーズを発見し、語り続ける「石上評論」の原点にして精髄。　本体 3800 円

好評発売中

論　創　社

エラリー・クイーン論◉飯城勇三

第11回本格ミステリ大賞受賞　読者への挑戦、トリック、ロジック、ダイイング・メッセー、そして〈後期クイーン問題〉について論じた気鋭のクイーン論集にして本格ミステリ評論集。　本体3000円

エラリー・クイーンの騎士たち◉飯城勇三

横溝正史から新本格作家まで　横溝正史、鮎川哲也、松本清張、綾辻行人、有栖川有栖……。彼らはクイーンをどう受容し、いかに発展させたのか。本格ミステリに真っ正面から挑んだ渾身の評論。　本体2400円

スペンサーという者だ◉里中哲彦

ロバート・B・パーカー研究読本「スペンサーの物語が何故、我々の心を捉えたのか。答えはここにある」──馬場啓一。シリーズの魅力を徹底解析した入魂のスペサー論。　本体2500円

〈新パパイラスの舟〉と21の短篇◉小鷹信光編著

こんなテーマで短篇アンソロジーを編むとしたらどんな作品を収録しようか……。“架空アンソロジー・エッセイ”に、短篇小説を併録。空前絶後、前代未聞！　究極の海外ミステリ・アンソロジー。　本体3200円

極私的ミステリー年代記《クロニクル》　上・下◉北上次郎

海外ミステリーの読みどころ、教えます！「小説推理」1993年1月号から2012年12月号にかけて掲載された20年分の書評を完全収録。海外ミステリーファン必携、必読の書。　本体各2600円

本棚のスフィンクス◉直井　明

掟破りのミステリ・エッセイ　アイリッシュ『幻の女』はホントに傑作か？“ミステリ界の御意見番”が海外の名作に物申す。エド・マクベインの追悼エッセイや、銃に関する連載コラムも収録。　本体2600円

砂◉ヴォルフガング・ヘルンドルフ

2012年ライプツィヒ書籍賞受賞　北アフリカで起きる謎に満ちた事件と記憶をなくした男。物語の断片が一つになった時、失われた世界の全体像が現れる。謎解きの爽快感と驚きの結末！　本体3000円

好評発売中